# 看見臺灣

## 最美的風景

臺灣人情味的
在地物語

THE MOST BEAUTIFUL SCENERY
IN TAIWAN

黃明君——著

目錄 CONTENTS

# 目錄 CONTENTS

## 〈第二篇〉臺灣．好味道

目錄 CONTENTS

# 序言

旅行的途中，可以用不同的觀點，感受我們所看見與聽見的美麗。用人的力量，對生長的這片土地付出關愛與關懷，往往有一份表徵意義下的十足魅力。

不論是在鄉野、高山、海濱、離島、部落、小鎮或都市，只要人們可以到達的地方，有聚落文化的所在，你我放慢腳步，細細體察，都可以發現環境裡的繽紛故事。

食衣住行育樂，種種的日常生活環節，只因有心參與，付出己力，平凡的人事物數，乘風遨翔，也能嶄露不一樣的飛揚神采。

「台灣最美的景色，不只存於自然環境，還有地理人文的多彩多姿。」

生活中常聽到這樣的形容。事在人為，成就一番利於人民的功業，或許都有一雙偉大的手，持續地將平凡力量轉化成美好的感動。

我喜歡與人分享旅程中接觸的人事，特別是產業發展的人物側寫。

在都會市區，有為理想而攜手的姐妹花，經營「個性使然」的工業風咖啡輕食店。故鄉是烏茲別克的台灣媳婦，把家常菜的孜然香瀰漫整個餐館。在小鎮上，一位女孩以謙遜而踏實的工作觀，秉持保有食物真實味道的原則，進而感動鄉親的心路經歷，告訴我什麼叫傻傻的矜持。

置身海角山巔的孤絕意境，全台行駛路線最長的小巴士，熱心的司機大哥串連合歡山與梨山的溫馨接送情，讓我認識了「高處不勝寒」的動人心地。位處台灣極北端的燈塔裡，我看見戍守人員的值勤身影，叫人湧上一股莫名景仰的悸動。

兒時記憶的卡通內容，彷彿乘著時光飛車，開進我的探索境遇。《湯姆歷險記》裡的小巧樹屋，哈克和湯姆度過頑皮的童年歲月，我在后里鄉間瞧見檜木搭建的房舍，如一艘飛船似的降臨在樹上，一個家族的天倫之夜，可以在這找到祖孫三代的「爬樹趣」。

同樣的，卡通《花仙子》中聰穎樂觀的美麗女子，好像也上映起現代版，下凡至通霄的山林，透過無藥肥的自然農法，種植出香草的芬芳和清新。

我獨自騎著機車前往南橫利稻村途中，配合施工封閉管制，一天僅僅有四次短暫的開放時間。戒慎恐懼，冒著風雨通過惡劣地形那一刻，我才知道便捷的交通，對村落產業的意義有多大。栽種的水果蔬菜運不出來，對民眾而言，那是一種苦悶與無言，然而，卻依舊有人無怨無悔，殷切地守望在悉心建立的家園，不捨離去。

我曾因花火節湧進的人潮，機位爆滿，候補不上。其他旅客都一哄而散，唯獨我一人滯留在澎湖機場，徹夜未眠，靜悄的大廳時光彷彿特別漫長。為追尋心中的夢想，我一人處在暗夜，困於疲憊與孤獨感，那一刻的堅定意念極富挑戰。

台灣的地形與易達性，超乎想像地多變與不可預期，我在旅行中看見島嶼的人文之美。透過各種交通方式（包含步行），我把台灣的各地的人文產業風貌，藉由散文抒發，以找故事的探索心情，記錄主題人物的生活翦影，串聯每一個讓我感動的不凡生命力。

登高源於卑地，行遠始自腳邇。采風問俗，台灣各地的人文產業具備多元發展性，人們肩上的擔子有多重，這片田地就有無限可能的揮灑空間。

第一篇

# 臺灣・人情濃

新北市平溪區

# 蘸浸煤鄉的古往今來

平溪，不只是對冉冉天燈、火車遊街、瀑布奔騰的連聲讚嘆。煤鄉的支線火車故事輪轉已久，平溪雖不會再有過去輝煌的煤礦產能傳奇，但留佇的滄陳老街與屋舍，依然包覆著鄉土眷戀的往昔記憶。

「十分的火車逛大街，菁桐的火車倒退行，平溪的火車天上飛，望古、大華的火車等無人。」

如此趣味的順口溜，意思是：幾節車廂，載著好奇的旅人遊子，穿越十分村的淳樸商店街，瀟瀟灑灑地逛蕩；開到終點站菁桐，因為無法調頭，只好倒著開回「來時路」。經過挑高的橋樑，橫跨平溪老街與河床，彷彿火車是乘著魔毯，從人們頭頂飛躍似的神奇虛幻一幕；無奈驚奇一過，到了望古、大華站，卻是四周一片寂然靜悄，沒有乘客上下車，恍若到了另一個不屬於平溪鄉的空間。

這一段結合日常生活情景的傳神諺語，透過地方文史導覽員王肇經先生身歷其境，豐富詳實的敘述，在地溫情和風趣感時而散發，蘊藏的人文情懷悄然圍繞著每一位專注聆聽的遊客。

搭火車到平溪放天燈，是一趟趣味性十足的悠活之旅，但在地人口中表述的火車記憶，竟是如此神氣活現。文史承延者的執著身影，依舊深深地向望遠處山林，那無盡的礦史陳跡。

詮釋曾經，王先生那一代的鄉民生活史，對支線火車的印象，是抒懷冒著黑煙的火車頭，歷時煤礦風華的熟稔情分。如今，物換星移，火車載運慕名天燈而來的普羅大眾，一車次一車次滾滾熱鬧的往返，反倒成了平溪當紅的主角。

於是，我跟著王先生腳步，一同走看他生長的故鄉。

## 心繫故鄉的礦工子弟

「我家後山是建源煤礦所在，爸爸是礦工，一肩扛起家計。站在煤車道旁，我好奇這一切……」

小時候，王先生常順沿降碳路（煤車道），推著三分車（煤車）玩耍，根本不知道礦區潛藏的危險。高中懂事了，他利用暑假到新平溪礦場，推煤車打工賺錢，貼補家用。經歷悶熱礦區，辛勞的汗滴下，他才知曉父母持家的苦心，不希望子女步上成天勞碌的後塵。

他感慨地回想，當時他完全無法體恤父母的想法，只覺得書讀來總是心浮氣躁。下課乘火車回家，每每若有所思，忘了在平溪下車，一路被載到菁桐站，只得摸著漆黑、伴著夜色，走山路回家，內心忐忑不安、七上八下是常有的事。

捨棄可以留在故鄉小學任教的機會，六〇年代，臺灣貿易事業正逢起步，王先生追尋目標，前往臺北打拼，從事藥品、保健相關貿易工作，一路由基層做起，開了公司當老闆，是人生中一個重要的里程。

但即使事業蒸蒸日上，王先生最後考量母親的意願與健康情形，遂與她一同回鄉，重溫過往的熟悉生活。他也意識到有些回饋鄉里

的理想，可以開始付諸行動，於是啟動自己另一段人生標的。

他心裡醞釀著，如何讓平溪山城，蛻變成一處有慢調生活，結合觀光休閒的好所在。直至今日，這份執著在他內心未曾動搖。

## 默默耕耘的社造推手

王先生與幾位地方同好懷有服務鄉里的熱誠，遂自發性組成文史工作坊，從事田野調查，彼此打趣比喻加入「地下組織」，默默做事，因為這是為愛鄉而搞的社團，講求低調不需鋪張。

我探問：「想達成階段性的期許目標，有壓力嗎？」

他自在地回答：「以好玩、熱心、關懷的心態和角度出發，愛護地方的文史風物，我們這群人樂在參與，不會有工作壓力呀。」

「平溪在地文史工作坊」的標章繡在胸前，我思考著這個「組織」的企圖心，和鄉民們互動下，會擦出什麼樣有趣的火花？

跟著王先生走訪巷弄，迎面而來的街坊鄰居，每個人都記得「肇經大哥」平日對鄉里付出的熱心。我頓悟，彼此親切的打聲招呼，正是對他那份執著溫暖無比的肯定。

郵局保有的老郵筒、木造的菁桐車站、溫泉商店、楊家雞捲、紅龜麵店、新平溪煤礦博物館，這些老字號史蹟建築的味道，從商家的永續經營，連結到晚近的天燈派出所、平溪車站再造等景象，都有王先生一行人的關注心力在支持與推動，串起鄉民認同社區營造的力量和遠景。

輔仁大學景觀設計系同學幫王先生打造的複合店面，也融入了在地采風元素，藉煤車的軌道、枕木與石渣，當作跨越古今的銜接點。垂掛各式彩系的天燈，幸福電話亭，平溪美麗山水裱畫，應景演出，為店裡增添不少原鄉的迷人樣貌。

王先生含飴弄孫，休閒之餘還蒐羅了各式的貓頭鷹擺飾品。過去他參與農村再造受訓比賽，獲得造型可愛的貓頭鷹石雕作為獎品，從此不自覺迷戀上了匯集貓頭鷹相關產物。當年巧逢邵族推廣貓頭鷹為吉祥物，一股熱情遂由國內渲染到國外，只要旅行途中，他便會隨時注意貓頭鷹飾品的行蹤。

家門臺階或長木板凳就坐，索性喝杯咖啡，閒逸若是。藉貓頭鷹話題，我和王先生聊個起勁，由店貌延伸至平溪山林，從臺灣到各國，我頓時開始向夜行性飛禽的探索世界慢慢靠攏。雖然我從未有過絲毫親近貓頭鷹的機會，但牠好像突然變得可愛許多。

## 生計與環保並重的護鄉意識

「放完天燈，必須還給大地原有的自然條件和環境。」王先生悠閒清談之際，卻也語重心長的表露。

天燈商機與環保，是兩相不可或缺的護鄉意識；要顧飯碗，也需善待環境。當年燒煤的蒸汽客貨運火車，載運讓臺灣經濟起飛的人才子弟，茹苦求學工作，扭轉了戰後鄉里蕭條的生活。但在當時，不會有人嚇阻吐黑煙造成空污的「黑頭仔」奔馳前行。

販售天燈的商機能補貼居民生活。為了兼顧現今環保主張抬頭，王先生和有志之士藉由淨山、淨溪活動，每年向鄉民宣導天燈竹架回收再利用的迫切性，並希冀透過放天燈的觀光效益，交流國際視野，為臺灣文化串連世界多元藝術而發聲發力。

若是來對了季節，便可看見居民把後院栽種的珠蔥、箭竹筍、綠竹筍、山藥、茶葉等「新鮮貨」，擺在路旁兜售。「基隆河的故鄉平溪」幾個字的意涵，在天然孕育蔬果植栽表露無疑，可說是與生俱來的一份驕傲。

於青山綠水間慢慢徜徉，斯人斯土的過往鄉情軼事，在導覽員王先生眼中，都是真情露現的生活縮影。越沉澱，越有探尋的不凡價值。

## 眷戀煤鄉的往昔記憶

耀眼絢麗的天燈祈願之餘，蘊藏在煤車與軌道間的人文情懷和鄉土眷戀，串連起世代的人文軌跡。平溪煤鄉榮景已褪，卻依然有屹立而存的煤場典藏，帶著你我溫故遺落在時光中的古早意象，遙想歷時煤礦風華的熟稔情分。

天燈竹架回收再利用，讓故鄉永續自然純真。

運煤車頭（獨眼僧）老當益壯，如今已是特色觀光的亮點。

橫越溪谷的軌道橋樑，幾與民房齊高。

新北市石門區

# 戍守臺灣極北燈塔的好漢

開燈、關燈，保養、再保養，檢視確認燈組運轉如常。這些簡單動作，重複再三，卻至關重大。燈塔守們擔綱重任，在塔柱狹窄的階梯上下奔波。颼颼冷風，茫茫滄海，燈束輪載，引指方位，日復一日守護夜航船隻的安全。

臺灣最北端的富貴角燈塔，為北海岸的數千船家「點燈」指引迷津，由燈塔守應對著瞬息萬變的未知折衝。浪濤奔騰澎湃，前仆後繼，黑夜裡令人期待的燈火，總能適時照亮歸航的路。光陰荏苒，燈塔漫射海際的數丈光芒，映照漁火，已超過一世紀。

富貴角燈塔於一八九七年完工，是黑白相間的八角柱混凝土建築體，塔高十四點三公尺。塔頂的蚌型水晶旋轉透鏡燈，亮度達一百五十萬支燭光（一千五百瓦傳統鎢絲燈），每隔十五秒連續兩閃，照射範圍為二十六點八海浬。

臺灣光復後，國軍在民國三十六年開始駐兵看守，歷經近七十載風霜雨露，四處機槍堡遺址猶可嗅出當年的嚴肅氣氛，如今由鄭義章主任率領五名技工（燈塔守）在此駐守。由來有三十六年歷史的燈塔訪客簿，目前仍簽不滿一冊，顯見罕有訪客踏足過富貴角燈塔，這本外觀已顯滄桑的簽名簿，因而別具珍貴性和獨特性。

北海域位屬臺灣海峽、東海、太平洋三海交會處，海相動輒險惡，驚濤駭浪。春季時每每大霧瀰漫，漁船的辨識雷達再怎麼看，往往還是一片白茫茫，無法分辨究竟是雲系或陸地。若隱若現的突出海岬，增添船隻撞觸危險，遇此狀況，燈塔守就啟動應變機制，以三十秒為一周期（鳴三秒，靜二十七秒）開始鳴霧笛，發出警告。這也是首次在臺灣設置的霧號，凸顯富貴角地勢氣候的不可預測性。

面對險惡海象，燈束導引船隻歸返攸關緊要。富貴角燈塔的設備與時俱進，由傳統的煤油燃燈，改以法國製的市電水晶旋轉燈接替，兼守環保與效率間的平衡。燈塔守戍守海疆的日子，不忘善盡對土地的永續關懷。

## 小螺絲釘的默默付出

去年八月，富貴角燈塔正式對外開放。原本只能在步道盡頭欣賞塔體外觀的民眾，終於能夠走進內部親近這個神祕單位。

這天，我發現燈塔守郭坤潛先生獨自一人，在簡陋單調的辦公桌上默守崗位。

坤潛說：「雖然是假日，今天氣溫驟降，來訪參觀的遊客不到三十人。」

「快五點了，天色昏暗，應該不會再有人進來了吧。」我回應。

「等會兒我就要上燈塔開燈，冬季天色真的暗得很快。」

我問：「你今天要一直值勤到二四吧？」（燈塔的每日勤務採三班制，零八至一六、一六至二四、二四至零八。）

坤潛僅用眼神回答我，這似乎是他的習慣。

聯外道路兩旁的割草、淡水燈塔監測與維護、臺北港南北防波堤燈桿保養、統計入園參觀的遊客數，都是例行職責。五名燈塔守，默默在此輪值一般人所不知道的特殊任務，日以繼夜，夜以繼日。

每年為了防止海風侵蝕，必須進行年度油漆保養燈塔；搶在秋分前夕處理，是因為要避開東北季風，利於施工作業。水晶燈必須一星期保養、擦拭一次，每天關閉蚌燈後，必須拉上特製的布簾，避免陽光直射燈罩，因集光作用導致玻璃碎裂。這些看似單純的小小動作，卻是維繫這座燈塔百年來的歷史紀錄。

上下燈塔所攀登的鐵梯和扶桿，由底部延伸至塔頂，呈現優美的螺旋狀。坤潛不時用銅油反覆擦拭，讓這些年代久遠的陳跡設備依然閃閃發亮，見證時代的軌跡。

在這極端的海角值勤，還得慎防強烈的東北季風，隨時都有將人吹倒刮落的風險。站在燈塔頂部，低溫海風襲來，吹擾著鄉愁湧上心頭。我揣摩在這工作的好漢英雄，心中必定都有一份執著，所以隨境而安。凜風終究動搖不了他們淬鍊無敵的心志啊！

海岬浪濤，數十年如一日的工作職責，遙望照應，這是燈塔守與夜航人共同保存的永生記憶。

## 年輕的心，安居窮鄉僻壤

家住高雄市的坤潛是家中經濟支柱，儘管與派駐地點南轅北轍，高鐵加淡水線捷運，再加上一部通勤機車，他盡可能地拉近南北奔波的冗長距離。一份心、一份情，他格外珍惜每一次的排休，享受和家人團聚的時光。

回首當初報考，他志在必得，到米店舉三十公斤的米袋練習扛跑，也勤練爬竿，最後如願地讓他考取這份足以安家樂業的穩定工作。目前他每天依靠視訊向家人問好，自嘲一年才做「一個月的爸爸」，與四歲、一歲的孩子聚少離多。一句「爸爸我好想你」，總讓他萬般的想早日調回南部。

他在富貴角服務四年了，暫時無法調回高雄旗后或臺南燈塔。為了消磨無法返家的單一假期，坤潛平日注重自己的身體健康，勤做各種鍛鍊肌力和有氧的韻律動作，讓他在非連假的時間，能夠與朋友交換心得，並在健身房與城市社區教導民眾有益而強身的訓練課程。

晴天觀海，那份寶藍怎麼看都漂亮，海風習習自然舒暢，心境也跟著開闊起來。

空間時，坤潛透過書籍充實自我，發想設計健身課程，配合拉單槓、單腳跳、舉水泥塊，生活總能找到最適合自己的發揮空間，保持年輕的心。

坤潛體內運動分子發達，曾是體育學院柔道國手，也在小港機場當過三年消防員。如今，在這貧瘠的環境，他依舊秉持開朗的心情，過著規律而有意義的生活，給人無限正面的啟發價值。

## 孤寂聯外道，路孤人不孤

富貴角燈塔目前是臺灣靠海距離最近的燈塔，一旦遇上西北颱，就沒有任何天然屏障，迎風面首當其衝。這道防颱前線中的前線，必須戰戰兢兢，做好警戒防護工作，馬虎不得。

冬季嚴寒令人顫抖，夏天悶熱沒冷氣吹，這種重覆開燈、關燈的作息，一度讓坤潛覺得這條迴旋樓梯，好高好遠。如今他沒有怨言，只認為這份工作責任重大，為了守護討海維生的漁民安全，這些平凡的小小動作，都是惜福、造福的表露。

這一夜，北極振盪的霸王寒流終於發威。急凍全臺的超級低溫，讓北海的夜深更顯孤單。

燈塔光束，慣例地射向無垠的漆黑海相。我獨自往回程的步道摸黑踏去，心想這樣的冷颼肆虐，在無數夜裡湧向直挺的塔柱，考驗著這群漢子的堅毅性格。

我想著坤潛的話：「刻苦的地域找事做。有目標，心態就會消磨掉很多雜念。」

這是一條漫長的路。等待在前方的，是責任，當然還有海洋陰晴不定的脾氣。

階前萬里，咫尺天涯。燈塔守任重而道遠，無論何時都挺直腰桿，昂然站在大海這個巨人的肩膀上，屹立不搖。

## 守望茫茫滄海的極北光芒

燈塔守們擔綱重任，在塔柱狹窄的階梯上下奔波。超過百年的斑斑歷史痕跡，四處機槍堡遺址猶可嗅出當年的嚴肅氣氛。海岬浪濤，燈塔守與夜航人遙望照應，儘管浪濤奔騰澎湃、前仆後繼，夜裡令人期待的燈火，總能適時照亮漁人歸航的路。

©郭坤潛

富貴角燈塔指引船隻，安全歸返入港。

部署著搶眼的碉堡，猶可感受當年的嚴肅氣氛。

燈塔守日復一日確保燈組運轉如常，守護夜航船隻的安全。

新北市新店區

# 接棒傳承的父女木工情緣

家具工廠曾是她最想逃離的職涯，卻始終割捨不了父親一手建立打造的事業，更懷念她自小熟悉的成長環境。接下第二代的傳承棒子，女孩已然蛻變，工坊回春起色正是父女倆共享的榮耀。

美麗外貌與端莊內涵兼具的佳鈺是家中獨生女，二十二歲接下父親創立的原木工坊事業，獨當一面。

十餘年過去，以松木實木為素材，為客戶量身訂做美觀活潑的獨特風格，原木工坊設計師李佳鈺的響亮名氣，已在家具業界穩占一席之地。

喜歡木頭自然紋理的細緻質感，一塊塊原木在佳鈺手中，都可以塑造成一系列精美實用的家具與居家裝潢。佳鈺營造的浪漫氛圍倍感溫馨，實木質地表徵的品味，薈萃華麗的唯美布置，令人沉醉在現代時尚居的神話意境中。

走入工坊門市，佳鈺向我介紹色澤溫厚高雅、創新造型的各式居家擺設。原木家具塗上繽紛色系的刷漆，細膩地刻上動植物圖騰，極具巧思地在桌面上鑲鉗彩色的磁磚貼花，給人分外舒適的融合美感。

眉宇之間，她嶄露的自信神情與談吐，聰穎如是，這展示空間已然妝點如度假勝地般的優雅別致。

## 從排拒到接受，決心承繼木造之情

小時候佳鈺把父親工廠的木頭當玩具，接觸到各式各樣的木材。她喜歡東塗塗、西畫畫，父親便放手讓她在家具和牆壁上盡情塗鴉。國中開始的寒暑假期間，佳鈺跟著父親學習釘造椅子，製作簡單的家具。

待在自家工廠，做父親的總是比較放心，但佳鈺不想被束縛，一心一意只希望到外面打工。

她高中念廣告設計，再到香港設計學院臺灣分校進修室內設計課程。出了社會，先後從事動畫美術設計、廣告行銷企劃的工作，依照興趣謀職，壓根沒想過自己接下父親家具事業的景況。

©李佳鈺

但隨著大量家具自世界各地進口，消費模式轉為以設計領導的趨勢，本土市場萎縮，自家的業務量逐漸減少，加上父親健康微恙，佳鈺很是心疼。個性堅強、富有主見的她，不捨父親一手建立打造的事業可能就此結束，加上工廠是她熟悉的成長環境，輕易放下一切未免太可惜，因此向父親表明意願，希望延續這份有深厚感情的事業。

父親其實護女心切，擔心獨生女在家具工廠吃苦辛勞，操作機具也有潛在風險，並不勉強她接手自己的事業。

我探問：「一開始跟著父親從基本功學起，一定很有挑戰吧？」

佳鈺表示：「在工廠裡多問、多去嘗試，了解木頭的特性，平日增進各式機具、水電的智識，日久也能摸出頭緒來。」

有一次，父親出國洽商一、二週的時間，將工廠和門市的工作全部交給佳鈺，那段時光讓她真正的學會獨立。此外，父親從小便會幫佳鈺向學校請假，帶著她到許多國家自助旅行，不分先進與落後，培養她擴增視野，能夠放眼生活環境的差異，珍惜當下擁有的一切。

## 環環相扣的接棒哲學

歷經磨合與摸索，佳鈺與一群年齡遠大過她的師傅們，慢慢找到彼此間的默契，透過溝通就能照著工作進度前行。從一竅不通到如今的熟門熟路，她帶領裝潢工班的師傅群，融合創新的設計藍圖，憑藉熟練技藝手工打造，是原木工坊引人矚目的關鍵所在。

她承認，當初接手的瓶頸阻力，最難的就是在工廠學習這一區塊，因為要懂的知識非常多，才能與師傅充分協調，將設計方案有效地落實與呈現。

實際走進工廠，此起彼落的刨木、鑽孔、車床、錘釘敲打聲不絕於耳。我看見佳鈺專注地切割實木材，一副得心應手、技巧純熟的專業姿態。承襲父親過去的堅持，她延續使用從加拿大與紐西蘭進口的松木實木，而且講究誠信原則，絕不用貼皮的方式以假亂真。

此外，她發揮設計創意，顛覆傳統觀點，採取上色、異材混搭、圖騰雕工等煥然一新的大膽嘗試。西班牙馬賽克磁磚拼貼，異材質的結合，水泥、不銹鋼、五金、玻璃都是可以和木頭相互搭配的造景，凸顯生活品味。

工廠師傅起初不看好，總覺得不切實際，客人不會接受，因此時常拒絕她提出的想法，質疑她有讓工坊回春起色的能耐。但佳鈺虛心受教，透過進修室內設計、充實專業領域，許多顧客開始注意她的作品風格，紛紛下單訂購。短短幾年下來，佳鈺的業績成效確實令人刮目相看。

這裡曾是最想逃離的工作環境，如今卻成就了她在居家空間設計領域的翹楚。接下第二代的傳承棒子，不一樣的女孩，已然蛻變。她讓爸爸感到無比欣慰與驕傲，一份事業青出於藍而勝於藍，水到渠成，是父女倆一同享有的榮耀光彩。

## 巧手創意受偶像劇組青睞

佳鈺是空間設計的高手，北歐風、鄉村風、混搭風的自由悠閒氣氛，一一融合在裝潢的纖麗風格中。運用採光透光，顛覆以往隔間的作法，不設實體牆，發揮自己的獨到創意，用家具與櫃體的排列，來區隔室內陳設。

能任意組合的家具，讓空間擺設多了彈性。講究實用性的櫃體，收納功能皆符合需求，可以轉角任意移動，左抽右拉得心應手，不再拘泥傳統方正，藝術美學也可以活化家具的生硬樣貌。就算屋主未來搬家，家具和櫃體也可依空間尺寸改造，兼具再利用的環保功能。

木質地板，天花板實木材質結構，具調節濕度的特性，刷上繽紛色彩的原木家具，散發一股有溫度的質感，改變冰冷的印象，把居家自在放鬆的調性表現出來。

佳鈺指出：「原本單一色系、質樸的木頭，經由刷色彩妝，就可以變成別緻獨特的家具。這裡沒有標準和制式的商品，隨時可以依需求量身訂做，客人接受度自然就高。」

她將自己住家作為實品屋，喜歡自由開放的空間，把都會和鄉村風混搭，訴求一份健康的居住環境，所有的家具都不含甲醛，可以盡情地大口深呼吸。客廳牆旁的可愛貓拼貼，以及主臥房的貓咪壁飾，展現了佳鈺喜愛寵物的性情與特質。

曾有拍片的劇組要承租有特色的家具，佳鈺住家的空間氛圍，既溫馨且舒適，剛好符合劇組想營造的布景。她在新店山區第二個家，被偶像劇《我愛你愛你愛我》相中，是男女主角生活對話的場景；《我可能不會愛你》一劇也在佳鈺市區的住處取景，作為女配角住所。佳鈺發想設計的美麗環境，切合浪漫巧妙地搬上了電視螢幕。

©李佳鈺

## 勇於實踐的活力熱情

重新認識木頭，到處去參與學術與技術方面的專業訓練，發揮了無限潛力，純熟內斂的創意格調，這就是成就自我的李佳鈺設計師。凡是特殊的圖樣，她必定親手製作，創新想法總是讓顧客讚譽有加。每天回到家，她會與父親討論所經歷的人事，感悟獲取的心得。

佳鈺成功的不二法門，包括注意市場變化與風潮，接受與熟知每一時期客人喜歡的品味，向客戶分析最新想法，並藉著出國旅遊，欣賞各地的美學建築，翻閱書籍，參考國內外設計的多元樣貌。她的果決奮起，搭配科技化的網路行銷，讓真正需要家具的顧客認識原木工坊。

如今，她已是家喻戶曉，從年輕一輩的設計家行列脫穎而出。創意、積極與勇於實踐的活力熱情，從而翻轉產業逆勢。

佳鈺說：「希望喜愛我的家具風格的客戶，年齡層可以更廣、更大，更年輕化、活潑化的產品趨向，使我更有一份設計的成就感。」

她始終相信，心懷堅持，往往就能累積出品牌。她有一份願景，希望原木工坊有更長遠的成長空間，讓更多人知道這個品牌，成為全世界都認識的品牌。

承繼父業，每日在工廠、門市、工地與工作室來回穿梭。對佳鈺而言，這項傳承是一份重擔，也是一段喜悅成長的歷程。

# 父女共享的木工坊榮耀

實木家具蘊含的風華藝術，一份幸福溫度油然而生。木工坊設計師並不是佳鈺設想的未來生活，卻在接下這段傳承之後，走出一條青出於藍而勝於藍的路。具備創意、積極與勇於實踐的活力熱情時，逆勢只不過是一道等待有心人跨越的門檻。

實木家具總能讓人感覺到居家的溫馨。

即使是一張茶几，也發揮創意，打造收納空間。

原木家具塗上繽紛的刷漆，展現顛覆傳統的大膽嘗試。

漂亮的木花圖騰，點綴得生活空間煥然一新。

苗栗縣通霄鎮

# 空姐著陸搖身為花仙子

回歸自然農地的簡單生活，雖然不如空姐生涯的繽紛多彩，但返璞歸真的大地生命力召喚著她。置身大自然，在她辛勤耕耘、自得樂活的香草園地裡，花仙子展現呵護土地的柔媚風姿。

可愛的葉蟬在花椒葉上停歇，蜜蜂穿梭採集西洋蓍草的花朵，桉樹之間樹鵲飛舞追逐，月桂枝叢聞香而來的是金龜子，蜘蛛忙碌地在芳香萬壽菊葉下架網守候，紫背草中蝗蟲盡情的跳躍，綠繡眼現身桑樹枝頭輕巧飛移……

這群山林的「朋友」，全是淑綺（Peggy）的工作鄰伴。淑綺的香草園，以無農藥無肥料的自然農法栽種各類香草，企盼人與自然生物和睦相處，體悟返璞歸真的大地生命力，保有每一刻的珍貴性與生存價值。

置身大自然，淑綺與花草樹木為伍，此起彼落的蟲鳴鳥叫響徹林梢，在她辛勤耕耘，自得樂活的香草園地裡，每每是一幅滿庭芬芳的景象。一株株靈秀脫俗的香草，花開時散發那股淡淡的清香，輕柔包覆，也細細繚繞栽植腹地，彷彿為保有這片樂土的原新面容禮讚不已。

## 回歸樸實，花仙子印象連結

巧笑倩兮的淑綺曾是美麗空姐，暢遊世界的飛行生活固然多采多姿，但空姐的工作內容與性質，需要長時間服務旅客，不免讓淑綺感到身心疲累。她不想要、也不習慣自己是個被工作壓力束縛的人，於是想在自主生活的土地上，調適自己的人生步調。

為實現生活香草夢，從而回歸自然農地，耕耘、自由、自足，這樣的日子多麼簡單快活！

祖父在苗栗通霄留有一片田地，過去淑綺閒暇時便與母親戮力開墾，悉心種植各類的香草幼苗；若忙於飛行，便由母親一手打理園地。歷經是年雨露均霑，看見香草茂密生長、採收量充裕，淑綺決心離開服務十二年的空姐生涯，回到山林清靜的生活，全心全意地照顧香草，經銷香草產物，做個快樂自在的耕耘者。

在朋友眼中，淑綺是位熟悉專業領域的香草達人。除了在園區鋤草整地，她也喜歡到野外踏青，親近觀察美麗的花草植物，拍照留存。穿梭自然的賞心樂事，有如彩蝶似的翩翩舞姿，歡欣漫遊。

我習慣稱呼她為「花仙子」，或是甚解香草療癒屬性的「香草仙子」，因她讓我聯想到小時候看過的卡通影集《花仙子》。

「幸福圍繞在我們的身邊，到處都有那美麗盛開的花朵，春天來臨，蝴蝶飛舞，你看那花仙子多美麗。她穿著彩色衣裳，飛來飛去唱歌又跳舞，大家看她多快樂又逍遙，散播幸福的歡笑。我們有錦繡前程，一起走向康莊大道，因為她像可愛的仙子，我們叫她花仙子。啦啦啦啦啦……」

哼唱熟悉的旋律，《花仙子》的卡通歌詞帶領我溯憶童歡。片中女主角是一位妝扮時尚的女子小蓓，描述尋找七色花的遊歷故事，送往迎來、珍惜當下。她每到一個城市旅行，尋花之餘總是默默行善，以正面的應對態度感染當地居民，用真善美的力量，讓生活時時充滿希望與活力。

每當故事的尾聲，花仙子的友人會把一種花草的種子送給人們，這株花草必定有其象徵意義。幾年過去，當花開滿園的時候，大家便會回憶曾經發生過的故事，因而了解花意，當然也一定會想起可愛的花仙子。不論是關於親情、愛情或友情的意涵，都讓人雋永回味。

這部良善與溫馨的卡通，陪伴我在小學時度過了快樂的課餘歲月，雖然早已不記得劇情中曾出現過哪些植物與花朵，但深植心扉的花仙子溫馨形象，卻是一直都在腦海裡不曾忘卻。

片中女主角的快活與自得，就像淑綺一般的自在自由，用真實的自我善待土地。我由衷地敬佩兩位花仙子的作為——同樣為生命中的理想邁進，同樣為人們散布幸福的花香，兩造時空還真有幾分相映成趣的巧妙對照呢！

## 緣識香草，與花草蟲鳥和睦共處

淑綺回憶過去飛歐洲線時，她喜歡逛藥妝、超市，看到琳瑯滿目的香包、保養品、按摩油製品，總會駐足流連。荷蘭機場的免稅店販售很多包裝得精美細膩的花草種籽，當她第一眼邂逅香草照片，興會淋漓的情緒油然而生，就這麼迷上了它，於是購買香草種籽帶回臺灣研究種植。

此外，她平常習慣飲用香草茶紓壓，不免自問：「如此優質的香草飲品，我也可以熟練地做出來嗎？」

現在，她的生活被香草圍繞，香草就是生活伴侶。西番蓮、鼠尾草、檸檬百里香、奧勒岡、香蜂草、乳薊花、南方苦艾、茴藿香、羅勒、臺灣繡線菊、迷迭香、紫花益母草、貓穗草等，株株都有它落地生根生長的價值。

以種植香草為樂，在大自然裡做粗活，淑綺戴著遮蓋布帽，拿起鋤頭翻土，種下一株株香草。

淑綺強調：「人與自然相處之道，首重善待與尊重環境的態度，香草會有自己一套生長法則與適應的方式。」

「因此妳從不在意園區的蟲鳥一再啃叼香草葉果。尊重生命的永續繁衍，就不該對農地噴灑藥肥，對吧？」我心有同感地回應。

用自然農法栽植香草，不用農藥，不施肥料（化學肥、有機肥），不推行農業改良技法，不做病蟲害防治，即便雜草叢生，讓園區裡的動植物都能自在生長，是淑綺一貫的務農準則。

她喜歡拿著單眼相機，替搖曳生姿的香草們留影，以繽紛綺麗的花朵照片分享園地與心情故事。

淑綺喜愛自由、自主性高的生活，她也樂在園區的工作室待上幾天，製做香草甜點，只為沉浸在她心中的這塊夢境。

「在臺灣種香草不容易生長。極大多數香草的原生長地在地中海或溫帶，臺灣氣候屬於亞熱帶或熱帶，因為夏季悶熱潮濕，很難越夏，所以成長情形不佳、栽培不易，產量因此稀少。」淑綺略為感慨地訴說。

## 醉心鑽研香草生活

踏進香草領域以來，遇上疑問，她便去翻閱香草茶書、草藥學書籍。以專業性而言，淑綺是草藥師、亦是芳療師；未來的夢想，是將土地整理成專業的藥草園，希望透過自己的芳療專長，幫助家人和朋友。

淑綺不時受邀，推廣香草在日常生活上的運用，教大家認識、栽種香草的要領。各式的香草創意甜點、香草果醬、果醋、果酒的製作方式，她也不吝在網路上與朋友分享。

「香草性屬溫和，舒緩藥膏、養顏油、花草精、護唇膏等製品，可以呵護與保養膚質，是可以善加運用的良好素材。」淑綺很有見解地表示。

聽完描述，我深感香草好似擬人化的摯友，時而給予助益，神清氣爽，讓生活充滿能量。

淑綺平日喜愛向小農購買無農藥種植的安心蔬果，摻入香草提味，做出可口的點心和輕食，與她交情夠深的朋友，或許常常可以吃到一份滿足感。

苗栗通霄這片香草園地，沒有迭沓而來的觀光客，有的只是數不盡的香草花開。清香襲來，隨著季節遞嬗，花仙子周而復始，散發關愛大地的麗質笑容。

# 呵護香草園的綺麗倩影

體悟返璞歸真的大地生命力，淑綺珍視物種和生態，用自然農法培育自己心中的香草夢境。以種植香草為樂，她選擇回歸山林，過著簡單愜意的自在生活，展現花仙子的柔媚風姿。

花仙子飄然落地，喚起愛鄉護土的省思。

©Peggy

西洋蓍草，吸引蜜蜂忙著採蜜。

©Peggy

香蜂草潤喉茶，搭賞迷迭香金桔果醬。

臺中市后里區

# 讓童稚記憶成真的樹屋推手

爬樹未必是每個人都一定有的童年往事，但如果能夠過過「穿梭」樹梢間的乾癮，算不算是觸動心頭的一份時光翦影，娓娓細述個中的童言歡語？一棵兩百多歲的老榕樹，讓這段美夢有機會成真。

在鄉野戶外，你必定曾走入山林步道，在群山環伺下盡情地深呼吸，大肆汲取樹木釋放清新的芬多精。但如果是坐在「樹屋裡的樹幹」上，一家大小談天說故事，或是情侶依偎、情話綿綿，想來應該沒多少人有過這樣的經驗吧？

老樹，綠蔭；樹屋，童樂，情意。用樹木蓋房子，不稀奇；蓋在樹上的屋子，才有看頭。

兩百多歲的老榕樹，有間樹屋「座落」在上頭，兩層共四十坪的臥鋪空間，冬暖夏涼，入住的舒適度與樂趣感，一再讓旅客陶醉流連。

這棵老樹，原本因新建環河快速道路整地施工，就要被砍掉移除，喜愛樹木的陳榮大哥與林素蝶阿姨經由友人告知，便向相關作業單位接洽買下。由於樹身太大，工人費了好一番功夫，動用兩臺怪手合力將老榕樹吊掛至拖運板車上固定，才慢慢地一路從彰化運回，種植在臺中后里泰安村的木雕休憩園區。

孰料，老樹的命運與陳大哥一家，竟然真有著一份緣，牽起方興未艾的觀光效應。來木雕園區的遊客皆嘖嘖稱奇，必會在樹屋前佇足拍照、議論一番；慕名入住的旅人，個個早想著要當一下頑皮的猴子，上上下下地自娛娛人。

## 老樹異地紮根，展現意外風貌

我在園裡漫步一圈怡然走看，不禁心生疑問：「除了老榕樹，我眼前的這些大小樹種，一開始就生長在此了嗎？」

素蝶阿姨說：「園區原先是一片葡萄園，我們一家搬來之後，陸續整理了這裡的居住環境，結合觀光產業，讓遊客來此參觀木雕工藝品與木製家具，也有綠意美化的視覺感。現在院裡所有的樹木，都是由其他地方移植過來、逐年悉心培育的。」

園區當初在做圍牆的時候，氣候悶熱，工人中午索性在大榕樹下乘涼休息。陳大哥回憶自己當時曾打趣地說：「將來我要蓋一間樹屋，讓家人可以自由地在裡頭休息，甚至提供給來這遊玩的民眾住宿。」

現在想起來，他真佩服自己有這股起而行的動念，而不是隨口說說罷了。對做木工的陳大哥而言，蓋樹屋是駕輕就熟的事，防水才是比較困難、費工的地方。但他逐一做好每一環節，風光地舉行「新屋」落成典禮。

「小孩子最是高興的了，因為可以自由自在地爬樹啊！」

「每個大人入住樹屋時，都是這麼說啊！」素蝶阿姨面帶微笑地描述。

我望著這棵老榕樹，濃厚的童稚記憶一直縈繞心頭，有許多說不完的過往回憶。

小時候看過的卡通《湯姆歷險記》，裡頭的主角湯姆非常頑皮，最喜歡去找麻吉玩伴哈克。哈克住的地方正是一個在樹上搭建的木屋，兩個人上上下下

地爬樹，搞出許多有趣的故事。想不到在臺灣，樹屋真實存在鄉間的土地上，而且比哈克的屋子大上幾十倍，太不可思議了。

整個樹屋的格局，直覺讓人想見自己置身森林，正在享受森林浴和芬多精。室內的空氣就如室外一般清新自然，令人舒適爽朗。住上一晚，冬暖夏涼，滿是回到從前鄉野玩樂的年少歲月一幕，有爬樹記憶的人，如今入住這間樹屋，應該會勾起古早玩伴的趣聞點滴，情味十足。

檜木材質的地板構造，席地而坐也不必擔心會弄髒褲子，反而還想來滾個兩、三圈，徹徹底底讓自己踏進時光倒流的漩渦，當下年輕個二、三十歲。

那就盡情的翻滾吧。入住這裡，暫且把所有日常的羈絆束縛拋諸腦後。「那一年，我們一起爬過的樹」的意境，是多麼讓人觸景生情、歷歷在目。

## 訴情環保，休閒與護樹不衝突

樹屋的主體以檜木搭建而成，內部保持榕樹枝葉的完整性；換句話說，就是保有樹木的生長條件。四處多設的十三面透光窗戶，使陽光可以充分照射進來；屋頂的透光天井，也能使向高處生長的枝椏得到光照，順利進行光合作用。榕樹的葉子依然翠綠蓬生、茂密盎然，維持植物本有的天然生長習性。

住進樹屋，趣味橫生，樂此不疲。聽素蝶阿姨轉述，住過的人都流連忘返，甚至都會推薦給親友知道，讓家庭式或團體式的旅客成員，入住的同時也寓教於樂，用護樹的環保觀念，做樹屋搭設與觀光事業，是可以取得其中的平衡點的。

老榕樹目前仍枝繁葉茂，老當益壯，不論是從屋內、戶外看來，都是健康挺立、綠意盎然。

喜歡拍攝鳥類動態的陳大哥，曾經連續花一個禮拜、每天守十二個小時，只為抓住一張張精采生動的當下。

好的攝影創作，懂得與人分享。樹屋裡掛上陳大哥的得意照片，毛色美麗的綠繡眼鳥兒雛育餵食的瞬間，鉅細靡遺地刻劃自然界的真實物性，精美地呈現在眼前，叫人佩服他的攝影技巧如此熟練，想不到入住樹屋，還能一邊欣賞拍攝佳作，增添另番休閒娛樂的觸感。

為克服遠距離的奔波，許多新人在嫁娶的前一天，喜歡選在樹屋入住，拍攝頗富趣味性的影像。陳大哥用單眼相機免費幫新人留下難忘的倩影，無形成了喜事最佳的賀禮；連自己女兒出嫁時，他也把最美麗的一幕婚紗記錄下來，不吝地在木雕園區展出。

相機快門，承載著旅人不同時空背景的生活札記。綠樹咫尺，或許是我們這一代人還能幸運親近的生活元素。這一處很有成長玩味的行旅驛站，讓你我感受到不同的自然意境。

# 時光倒流的童趣往事

異地紮根的老榕樹，巧手構築下意外掀起了觀光風潮。吸引人的不是奇景異事，而是那勾起童年回憶的自然風貌。那一年，我們一起爬過的樹，坐高望遠的小小成就感，多年後依舊讓人低迴品味。

熱衷攝影的陳大哥，秀出他拍攝綠繡眼的得意之作。

一棵老榕樹，意外與陳大哥一家結緣，帶起觀光熱潮。

老榕樹盤根錯節，充滿視覺線條的美感。

臺中市豐原區

# 翻越中央山脈的高山小巴

踩著油門，小巴士一路盤旋攀升來到武嶺，全國公路最高海拔點：三千二百七十五公尺。這段來回走過三百九十二公里的迢遙路途，凝聚太多意想不到的邂逅情緣，讓山間有雪中送炭的熱烈迴響。

你聽說過，豐原往梨山的小巴士，載人送暖的溫馨故事嗎？你看過公路客運，踏著合歡山武嶺雪景，越過中央山脈的奇特景況嗎？大家習慣稱它為「臺灣的高山小巴」，六五〇六與六五〇八分屬它的專有號線。你嚮往坐上一遊，來趟風情萬種，饒富感性的人文旅程嗎？

緣此，我慕名而來豐原客運站，全程搭乘王茂松大哥駕駛的二十人座小巴士，上梨山、續往武陵農場，來回走過三百九十二公里（往返兩百個車站）的漫長旅程。我在車裡，感染那流傳許久、滿溢車廂的敦厚人情味，更進一步體會王大哥儘管費神辛勞長途駕駛，卻一如初衷，堅持關懷助人的信念。

我的短短四十八個鐘頭旅途，永遠無法比擬王大哥穿梭山林、寒來暑往十八年歲月的光陰刻痕。靜靜地，我用眼眸、用手機記錄著山鄉面容。一條景色秀麗的高山路線，少不了旅人的驚呼讚美，然而更叫我舒坦窩心的，是王大哥與乘客笑顏寒暄的一番真情互動，無分老少，在每一停駐站那樣的平常、自然與熟悉。

## 由繁景趨樸實，鄉土風情自然流露

連我在內不到十個人的清淡「載況」，六五〇六小巴自豐原站出車了。喧囂的市景無法勾起太有觸感的旅程共鳴，反倒是到達東勢站時，眼前浮現鄉鎮保有的庄下影像。車上的旅人看著車外的行人，車站的遊人看著車內的我們，兩兩相覷不相厭，好奇而親和。

站邊有水果、小吃攤林立，嗅著淡淡的鄉情家味，這一幕勾起我兒時的浮光印象，回想類似的小攤烹食。我嘴角欲嚐的垂涎蠢蠢欲動，奈何時間有限，下不了車，無奈地吞嚥回去。

王大哥嗓門宏亮地詢問：「還有沒有人要上廁所的？那我們就開車囉。」

小巴緩緩駛離東勢站，窗景外民風平凡，還未脫離小鎮街衢巷弄一貫的稠密性。王大哥繼續專注地開著車。

我詢問：「為什麼乘客比想像中的還要少？」

「因為主要的居民，都在靠外的郊區才上車，短途的（不上梨山）或趕時間的，會選擇搭其他客運。」

原來是我不明事理，天真地以為會有同好如我痴狂搭車，但我隨即堅定地告訴自己：「坐，就對了。」

小巴由臺八線轉進臺二一線，

此刻的風景，民房已漸被參差綠樹取代，也多了鄉間的矮房和獨院，一絲古早風情吹進車窗。臺二一屬平地路線，因走的是外環道，所以拉長了行車時間。到達埔里休息站時，也是該讓旅客補充熱量溫飽的時刻，便利商店稍解大夥的飢腸轆轆。

我詢問一旁賣紅甘蔗的阿姨，原來她也耳熟能詳六五〇六小巴的故事，表情透露由來已久的熟知。暢飲一杯熱甘蔗汁，我覺得在南投郊外隨意吃喝，便已經很有草根性的鄉土氣息，我還真是容易滿足呢！

當大夥都在享受午餐，王大哥卻是一刻不得閒。他必須確定無線電對講機的頻道完好暢通，以便在狹窄的山道會車時，其中一方能先一步停定禮讓，確保不塞車，保持每個用路人的權益。

補充滿滿體力熱能，王大哥禮貌地詢問大家吃飽沒，並請大家幫忙點兵，確定全員人馬到齊之後，小巴便駛向巍峨在望的合歡山。

途經茶莊，老闆娘遞送一整疊捆束好的報紙，讓王大哥帶上山，交付給榮興里的里民閱讀。山中不比平地，很多補給物都是辛苦接駁而來。老闆娘笑著說：「總要讓山上的居民與世界接軌啊！」

## 中央山脈峰迴路轉，幸福巴士溫情暖暖

王大哥踩著油門，小巴使命必達地爬坡，他厚實的手掌緊握方向盤。一路盤旋攀升抵達武嶺，這裡是全國公路最高海拔點，三千二百七十五公尺。

王大哥會在此稍作停留十分鐘，讓乘客下車拍照，一覽壯麗雄偉的合歡群峰。每位下車的人，雀躍地左擺右比，做出最俏皮或勇猛的姿態，一副我最不怕冷的模樣。來到武嶺，當下就是要盡情拍照留念啊！

越過中央山脈，接下來的路線逐漸陡降。王大哥眼尖心細，發現一位紐西蘭籍的遊客在路邊休憩，便停車詢問。得知他要轉往花蓮旅遊，王大哥二話不說，協助載往大禹嶺站，讓外籍旅客轉乘五五路線客運回花蓮。

王大哥不會一味催油奔馳，總是細膩地觀察每一名在路上行走的遊客。他知道，一定會有旅人不經意地錯過六五〇六這每天僅有的一班車次，所以他沿線留心，不會錯

過「有緣分」的搭乘者。

自合歡山下切，景隨路移，能夠引人注意的除卻風光明媚，就屬剛上車乘客的穿著打扮與裝備。猜想他的身分，是登山者、果農、居民或背包客？如此話題甚是有趣。

途經崩塌施工的管制路段，小巴順利通過，第八十四站，梨山到了。這裡會做「大休息」，也就是約一小時的停留時間，讓舟車勞頓的乘客下車走走，到梨山街道探訪，買些補給糧食和水果。梨山有悠久的高山果樹種植歷史，在此眺望山嵐縹緲，天光雲影，自然也有一番登高想望的暢寄感。

剛轉紅的楓葉，映襯小巴士的柔媚景緻，自助旅遊風韻迷人，海拔越高的山巒越是美不勝收。這一條高山路線，走得還真是如詩如畫的精華點啊！

## 「司機爸爸」真偉大

下午四點四十分，王大哥原車變動號線為六五〇八，小巴會在梨山國中、小學的路口處，等待每一位要搭車回家的學童。鐘聲響起，一群下課學童奔跑了過來，魚貫的上車。王大哥明確知道學生人數。

「十七、十八、十九……全員到齊，出發！」分貝高吭的嬉哈歡笑，將車內的氣氛哄堂到最高點，王大哥隨車準備的零嘴餅乾，多少也能解饞每一個微餓的小肚肚，讓車上多了些許感人的味道。

「茂松爸爸再見。」跟王大哥特別熟識的同學，隨口就是這般溫馨語調。

這樣的同車往返的山行歲月，一晃眼近二十個年頭過去。從小學入學一直坐到畢業的孩子，有些已是為人父母。他們一定早已告訴自己的小小孩，爸爸媽媽就是存有這裡的記憶，搭著茂松「爺爺」的威風小巴士，走過山中無數陰晴風雨歲月長大。

今天車上最後一位學童在武陵路口下車後，六五〇八小巴的載客任務也告一段落。

## 輾轉來往山林，心繫待助角落

平日王大哥在武陵農場，有盥洗與供餐的單人宿舍。這晚我和王大哥特別借住在友人的工作小屋，稀鬆平常的便當，我們在寒夜裡吃來卻是無比美味。令我更驚訝的是，縱使寒冷冬季，王大哥就寢前竟堅毅地洗著冷水澡。我感受了他的淡泊性格，也感悟他內心一份知足樂活的簡樸胸襟。這等環境，磨練著一位大好人的心志。

四周悄靜的深夜裡，我清楚地聽著自己的呼吸聲，逐漸搭著節律入睡，不知這樣的夜晚，王大哥可都睡得好？

清晨五點，低溫肆虐，王大哥早準備好泡麵加水煮蛋，這就是暖呼呼的抗寒食品了。我自覺吃到一碗最入味的泡麵，湯頭在山中是無比的珍饈美味。

六點三十分，六五〇八小巴準時從武陵農場出發，要沿途搭載學生上課。

「我希望學生與乘客，都能準時、安全地被載到目的地。」依循前一日行程倒過來走，王大哥待客的熱誠依然令人動容。

「你曾遭逢天候因素受困山中嗎？」我問。

王大哥愷切地表示：「每一次水淹、冰雪圍住去路，小巴受困進退維谷時，我只能等待，忐忑掛心山中朋友與山下的家人。」

一路上，我細數了大貨車司機、果農、賣水果阿婆、便利商店員工、警察、登山客、道路施工員、住家居民、他線公車司機、菜販與茶農。他們和王大哥迎面而過，均是用爽朗親切的語調，或有禮的肢體語言打招呼。

回到市區，我終於明白有些事，是王大哥永遠會記得的。

「在埔里休息站，要讓乘客下車覓食，填飽肚子。在茶莊休憩點，要幫忙榮興里長把近二十份的報紙送到山上，免費贈送給當地居民，讓他們知曉世界發生了什麼。」

「豐原站有診所託付患者長期處方箋，要轉交給梨山的居民服用。協助醫院載運居民檢測的血液下山，幫助弱勢轉送更換相關證照。」

「受人請託，從梨山離開後，必須立刻開小巴去梨山坡鞍的民房，接送患有眼疾的高齡阿伯下山，方便由埔里轉乘客運，盡速搭火車北上就醫。」

不論是「補給車」或「校車」，都是居民賦予這輛小巴的親暱稱呼。重要的是，它有滿載的關懷力量，譜寫一趟又一趟的暖心旅情。

王大哥一年幾乎有一半的時間外宿，無法和家人團聚。他原本去年七月就可退休享清福，卻自嘲在家會無聊，想要打發時間；再者，他對山上那些學童和老榮民的生活起居放不下心。

出自心坎裡的一份暖暖關愛，如今他仍然緊握方向盤，希望多做個幾年再談退休，繼續為這條路上同車共度的奇妙人生喝采。

# 眺山望巒的幸福巴士

橫越中央山脈，每天僅有的一班公車車次，沿途載運的是滿滿的關懷。高海拔的山巒美不勝收，如詩如畫，但親自走過一遭，方知最美麗的風景，其實是一段又一段的溫馨回憶與真情人生。

不畏凜冽嚴寒，冬日在風雪中挺進的小巴士。

為保行車安全，加掛雪鍊以防車輛打滑。

王大哥不捨斯土故情，給予最直接的關懷扶持。

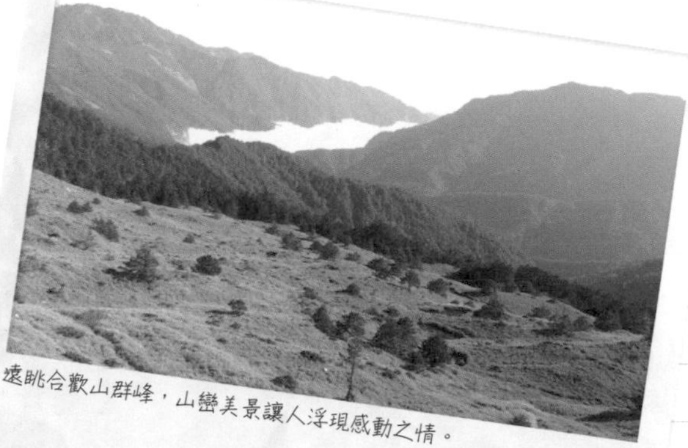

遠眺合歡山群峰，山巒美景讓人浮現感動之情。

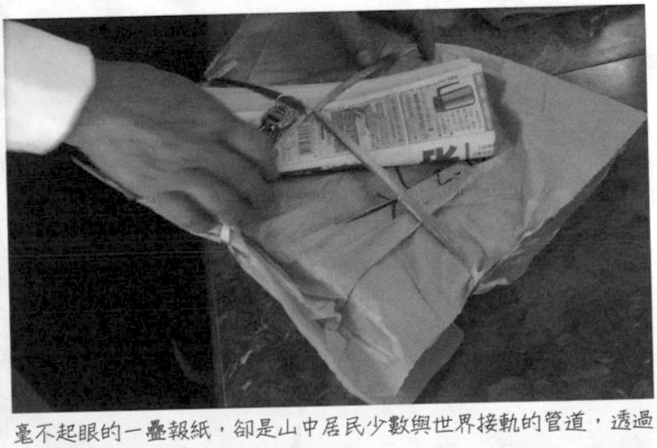

毫不起眼的一疊報紙，卻是山中居民少數與世界接軌的管道，透過每日的小巴往返遞送。

南投縣魚池鄉

# 歡度萍水境遇的人生旅態

曾經有一位美國朋友，離開時留下了一本推理小說。他在扉頁中寫道，希望有緣翻閱的旅客，可以把它繼續帶往另一個國度，讓這本書也能「旅遊」世界各地，與人「互動」。

可欣（Cathy）曾在美國加州念公共政策和管理研究所，一次出遊大峽谷的邂逅，發軔了她內心的奇特想法。

那次旅程，一位自助旅行的中南美裔男子途中插花，搭上可欣一行人。男子描述自己的隨興憧憬，一直到後來身無分文的流浪境遇。儘管相處幾天之後，他在途中又選擇自我放逐，離群而去，但他真切分享一連串偶遇的人事物，確實深深影響了可欣，勾起身歷其境般的迴盪共鳴。

旅行有著魔幻般的吸引力，陌生人能在異地面對面，描繪天方夜譚，訴說彼此故事，甚至夜深後沒有隔閡、顧慮鄰旁而寢，這是否算是對善意友情的接納與信任？

回臺灣後，可欣東西合璧，開設「有張床國際青年背包棧」（perBED Hostel），實地推行人與人之間的互動藝術觀念。陌生男女住宿時不需刻意迴避，在言談中交流生活經驗。有別於一般民宿隔房裝潢的平凡風格，它屬於一種國際文化交融的形式，重點在於打破人與人的距離感。

她用自己的固執，在立足點站穩腳步，成功說服家人和朋友，在日益多元化的旅宿思維下，這條創新路可以通暢迤邐。沒有當初的堅持，就永遠不會有「有張床背包棧」的誕生。

經濟實惠的平價開銷，著實減輕一般背包旅客的負擔。入住的年輕人，多半對這樣開放的交友方式很有興趣，總會在社群網站不停交換心得。

## 顛覆傳統的行旅背包棧

「這是人與人一種互動交流藝術的方式。男男女女，藉著說話與聆聽，感受身旁異國文化的熙來攘往。多數夥伴意氣相投，在外地悠然漫遊，心情開闊，進而與人交會，從故鄉到世界，無話而不談，沒有桎梏。」

可欣表示，她就是想建構一處顛覆傳統觀感的住宿地點，並採取男女混宿，讓國籍與性別都不再侷限在既有框架裡。

我有所領會地回答：「所以妳不設隔間，提倡一種創新的概念。相較於一般大通鋪的民宿印象，妳的背包棧更自由開放。」

可欣說，會訂位入住的旅客，均是可以接受這樣開放式的宿點安排，因此沒有適不適應的問題衍生；唯獨棧內不能酗酒、抽菸、吃檳榔，以尊重所有人共處的基本權益。不設限的開放漫談，是有張床的立意目的，因此室內除了衛廁，找不到任何的圍牆

與隔閡物。

走入「有張床」，落地窗的透光門面，木紋磚地板，文化石磚牆面，木質桌椅擺設，用工業風、現代化當作發想主軸。饒富趣味的度假思維，傳達人們這間旅宿的不凡格調。

床箱型床位（附窗簾）、類劇院式床位、工業風水管上下鋪床位，男女混宿相鄰。認同這種住房方式的朋友，透過上網討論引起共鳴，進而前來體驗接觸。國內外散客、家庭成員、團體聚會出遊，已經是這裡的常態。

打工換宿的同學，隨興地在牆上塗鴉，展現活潑奇想的藝術造詣。床邊牆上則擺放明信片、登機證、房卡等，加入可欣個人旅遊海外的互動元素。

曾有一位美國朋友，離開時留下了一本譯為《我知道你去年夏天做了什麼》的推理小說，這本書是他從旅行的國家城市帶過來的。他在扉頁中寫道，希望有緣翻閱的旅客，可以把它繼續帶往另一個國度，讓這本

書也能一而再三地「旅遊」世界各地，與人「互動」。

哇！好個獨到的奇想。可欣一直在等待有緣翻閱這本書的背包客，什麼時候會出現呢？

## 全無隔閡的互動情誼

寵物貓阿金跳上木桌靠近可欣，一副溫柔示好的姿態。牠先前疑似被山豬攻擊負傷，流連在門口求救，被好心的店長保羅收養為背包棧的一員。

放眼共處的空間，旅客們自主地營造氣氛，喝杯咖啡、閒話幾許。室內有開放式廚房，到街上隨意買些食材，旅人就能自在地烹調料理，當廚師自娛娛人。交誼廳藉桌遊的趣味互動，消弭陌生感；當西洋棋與象棋相遇，彼此透過教學解說，進而切磋小樂一番。或是，搬個板凳移到戶外，仰望星空，大夥小酌小米酒聊天，就是一場簡單卻融洽的聯誼氛圍。

搭上節慶風潮，可欣也會出奇不意辦個烤肉趴、流行音樂會，讓初識的旅人彼此同樂。遇上中元普渡拜拜，老外好奇心湧現，跟著折拗金紙、燒紙錢。入住「有張床」，就好像參加國際野營派對似的，叫人怎能不跟著「嗨」它一番呢？

有經驗的學生，寒暑假喜歡到「有張床」打工換宿，擔任為期七天的小幫手一職。可欣非常歡迎他們回來重溫情誼，學習與人互動的特殊經歷。小幫手的任務主要是整潔環境與旅遊諮詢，閒暇時非常自由，可以選擇看書或打電腦，或與外國客作近距離的言語互動，介紹彼此認識自己的生長環境。

背包棧距離伊達邵碼頭不遠，小幫手還可充當老外的導遊，一探全球十大自行車道之一「日月潭環湖自行車道」，景色相當宜人。可欣說，曾經有小幫手接待丹麥旅客，努力比手畫腳、雞同鴨講，幾天的融洽相處下來，最後成為相知相惜的好朋友，這一幕令她印象深刻。

## 室內露營獨特發想

當「有張床」決定往臺中展店時，可欣也發揮新穎巧思。八十坪大的場地，設計成一個會場展示的格局，採用室內露營的概念，讓人與人之間的寒喧互動零距離。

戶外露營的場景，活靈活現的搬進室內，有印地安帳篷、三小屋帳篷、吊床式睡鋪、木板床、鐵床。營火堆是以搖晃開啟式的環保電燈替代火焰，照明夜色；一旁輔以抱枕，讓人累了有所依恃，愜意地聽賞朋友說故事。展場陳設男女共用的盥洗臺和衛浴廁所，打破舊有的藩籬。

這兒的人工草地，行走漫步的同時，也會「自然地」發出窸窸窣窣的輕微觸感聲，還帶著一絲絲的搔癢，煞是有趣。這裡同樣也有個回眸童年記憶的鞦韆，垂降在這等不凡的「會場」；不一樣的是，這個鞦韆以原始杉木製成，刻意不刨樹皮，維持本有的粗曠自然。可欣認為，歷經磨坐而落下的樹皮碎屑，更能顯露戶外森林的真實風貌。

搖盪鞦韆，坐看街道車水馬龍，人往人來，陌生人大概也無暇注意，我等這群人卻是愜意相投，萬分舒活地窩在一派悠閒的「度假露營勝地」。

## 川流不息的故事交織

可欣發想出一個入住的共識和慣例，她希望在展區的大面牆上，拼貼有素人旅行告白的點滴絮語。旅客在離開時，每個人必須留下一個回憶、一個故事或一個秘密。依個人的意願，這份「紀錄」可選擇公開，也可選擇封存典藏。

這些心語抒發，最後都會貼滿牆壁，作為展場文化的特色。如此溫暖的人際互動方式，來自可欣深愛以手寫書信抒懷的情愫，是不是很特別？

可欣說：「多放進屬於旅客特色的元素，隻字片語，便是展場中最具代表意義的背包行旅概念。」

她希望這面牆，能把那一串串真實的「悄悄話」都匯集進來，跨越國度，讓所有到來的朋友都分享彼此。無論是塵封已久抑或不假掩飾的言詞表述，在這裡都是一律「字句相照」！

可欣塑造的行旅新點子，如同從臺灣看世界，透過心中奇妙的文字魔術方塊組合，字裡行間的起承轉合，發揮出藝術般的魅力，在自己下榻的國度、城市和鄉鎮與人交心。

她平日到處充實旅遊，汲取養分。旅行對她來說，意義是吸收不一樣的風景和文化，再納入自己的經營概念。

話機捎來訊息，有朋友即將登門造訪。猜猜看，這一夜是誰來訴說他有趣的行旅繽紛？

# 心語交流的人生驛站

旅行有著奇妙的召喚力量，一段段跨越國度的祕密與故事，串起不同人生的連結。沒有隔閡，毋需迴避，零距離的互動，跨國情緣自然流傳。

龍物貓阿金親暱地向可欣示好，如今牠也是背包棧的一員了。

二十四歲的阿根廷青年飛德，來這裡當小幫手，料理早餐頗有架勢。

男女混宿的休憩空間，打破社會上既有的框架。

滿載回憶的心語抒發，訴說著大家的行旅往事。

造訪「有張床」，驗證友誼無國界這句俗諺，一場烤肉派對讓大家樂翻天。

屏東縣獅子鄉

# 南迴無名鐵道員的深邃背影

屏東縣獅子鄉內獅村內獅巷，山林遺世風情，南迴鐵路上的枋野號誌站，不起眼地選在一隅落腳。五名站員兩兩輪班，終年夙夜匪懈執行任務，監測難纏的落山風蹤影，耐著寂寞堅守微渺角落。

火車御風奔馳鄉野，鐵道兩旁的幽柔景致，成為生動的搭賞窗口構圖，好似一幅幅畫般流轉不停。

沿線山林泛漾鮮明的自然光彩，美不勝收，就連不知名的車站，都能靜靜地綻露風情。悠閒的背包客或是鐵道迷，總愛下鄉窩在車站裡頭晃蕩，特別是默默無名、座落偏僻的小站，洋溢人文素樸氣息。

在遠離塵囂、難以到達的域地，人們過慣孤寂的簡樸生活，展現堅韌不服輸的性格，與貧乏環境相互砥礪。踏實的工作步履，挾帶單純有秩的情感，一點也不忸怩作態，持之以恆的遵循分際。這般輪廓曲線的觸感表情，最是深刻迷人。

沒有辦理客運業務的枋野站，必須由人煙罕至的秘徑前往。旅人得自備交通工具，或邁開步履，行軍健行般地摸索尋覓。

我專程開車由臺北南下，擁著寄情山水的心境深入鄉間，找尋沉澱塵霾的一片淨土，更是懷著向戍守此地的站員們致意問好的心情。

## 由秘徑深入秘境

路幅狹窄的果園小徑蜿蜒曲折。歷經已往颱風無情肆虐，柔腸寸斷的路基，泰半已尋不著來時，幸而有善心人士另闢蹊徑，一條鄉間小道才得以保留，漫長延伸。路況峰迴路轉，顛簸崎嶇，不時彎左拐右。山徑如此個性灑脫，捉弄人似地綿亙約莫十公里，我終於看見所謂的人跡。一處標示看板上頭，大剌剌地陳述表白：森林管制站，林務局製。

為防治林木屢遭濫伐，站區宛如軍營般的嚴守紀律，進入前必須檢查人車與登記。駐守的保全是位原住民大哥，一雙明亮大眼加上黝黑皮膚，氣勢威震四方，在此獨自守護遼曠林地。

這一天，枋野站是兩位站員與兩隻黃毛小孩負責值勤。毛小孩嗅敏，發現我這個陌生人到來，象徵性地小吠試探。囿於日常的僻靜氣氛，牠們窩在涼快的樹蔭下，壓根不想理我，繼續懶洋洋地打盹。

## 敬業身影隨境轉心，寄情山水

站內的號誌器開始亮燈響號，一列自強號列車疾駛通過站場。當天不是假日，可以清楚發現車廂內的乘客稀稀寥寥。

行車班次來往密度較低的南迴鐵路，沿途地質受天候影響甚鉅。落山風、落石、坍方、土石流等變因，皆左右著行車安全，所以臺鐵必須在古莊站與枋山站間，長達四十公里的漫長路段，設立枋野號誌站，派員監控枋野二號橋落山風速，以及遙控中央號誌站（站房控管總長八千零七十公尺的中央隧道所具備的號誌），透過儀器顯示的數

據，確切管制列車往來通行、交會。

二十五，在這廣闊的茂林山區，切切實實是一個指標性的數字。一旦落山風風速達到每秒二十五公尺的臨界值，值班站員便要嚴禁列車行駛。

耳際縈迴著軌道粗獷的動感交響曲，我看著手拿旗幟、挺拔肅立的站員敬業身影，目視列車通過枋野站。

茫茫蒼穹天地間，守望回家路的無名好漢，駐守荒野的這一幕人間紀實，令人懾服尊崇。此刻的我，內心早已被深深感動。

我的內心頗是好奇，探問：「這裡沒有售票房、月臺，也沒有入出站的乘客相伴隨，日常生活難道不會無趣而乏悶嗎？」

「其實我已習慣這樣的生活步調了。站域

方圓十二公里的範圍內，找不到一處村莊或聚落；站房也無任何手機與電腦收訊，車站聯外只靠著一支電話傳達訊息。然而，這般生活數年來如一日，我的思緒反倒清心寡欲，單純安適。」站員笑答。

我聽了滿心佩服，他能如此開朗過著山中無歲月的愜意。站員也樂觀表示，來此轉眼十五年已過，如是以天地為帳、山水作伴，今後不會再想調往其他的車站了。

「山羌、臺灣獼猴、臺灣藍鵲的族群數目，在山野間快速繁衍，叢林枝椏不時可見這些動物的倏影芳蹤。再往林地深處，甚至還有山豬出沒。」

站員生動地形容美哉環境，我羨慕著倚山臨溪的桃花源地，坐賞豐饒動植物生態的悠然漫生，真有一份世外孤寂，卻又逍遙灑脫的感受。

站房旁的水溝裡，生長清幽淡雅的蓮花。許多魚蝦悠游其中，晴空中蒼鷹嘹亮的鳴聲，迴響山壑。連供人蓋印的行旅紀念戳章都走生態風潮，刻劃精緻可愛的鍬形蟲、螢火蟲圖樣。

小站與世無爭，和自然萬物和諧共處，周遭原始的生命氣息，想必能長遠幸福的滋長相連。

站員指出，每當雨季，觀看站旁標高九百一十九公尺的巴層巴默山傾瀉而下的飛瀑，如絲如絹，那一刻的渾然天成，最是心曠神怡。

枋山溪畔，向來是孕育屏東西瓜、愛文芒果的大本營。豐收時節，一片鮮果展示臺般的景致，那飽水甜香的誘惑，實在叫人難以抗拒而佇足流連。

## 濃郁的人情味長久流傳

雙手接過站員溫情遞予的杯水，我喝著山中珍貴的沁涼甘泉，心中湧上說不盡的謝意。

身處一個飲居從簡的環境，站員散發的韌性與知足心境，時而洋溢的豐富人情味，是這杯水裡頭蘊含的精髓，這股風味真正醇厚感心。

回溯過往，枋野站啟用時，站旁已住了一對在此生活五十年的劉姓老夫妻。站員回憶，即使後來搬離山區數年，老奶奶偶爾還是會重遊舊居，與他們話當年。只因為，這裡有過她最熟稔的山光水色，鮮草芳馨，鳥語花香，意遠而深長。

小站靜謐座落在路遙荒僻的山中，郵差終年不會來按門鈴。全臺僅存的藍皮普通列車，停靠下來等候會車；少數乘客發現了站房的存在，好奇開始拍照。秘徑中的秘境裡，這段動人心扉的故事，我相信會依恃筆直的軌道雋永綿延。

# 秘境中的山野小站

遺世獨立的秘境小站，有一份世外孤寂、卻又充滿逍遙灑脫的感受。堅守崗位的站員心隨意轉，山中無歲月，在這片淨土過著寡欲樸實的生活。原來，幸福的到來竟是如此單純。

一旦風速儀的數字超過二十五，列車就必須停駛。

在與世無爭的微渺角落，無名鐵道員克盡職守。

昔日枋野站提供的紀念戳章，圖樣可愛活潑。

花蓮縣壽豐鄉

# 展翅田際的鷹獵農法

粟翅鷹倏地振翅衝前仆下，嚇阻鳥兒叼食農產，頃刻鳥飛四散，觀者無不深受震撼。所謂的「鷹獵米」，是重視食安、呵護土地與愛鄉情懷的完美結合，帶起延續未來的農業傳承。

秉持一份執著和認同土地的情感，盧紀燁先生回鄉創立了「壽豐印象」銷售平臺。五年下來，他與志同道合的青年朋友攜手幫助農民改善產銷管道、增加收益，五顏六色農漁產圖案的名片即為鐵證。他最主要的工作良伴，其實是一隻與他朝夕相處、馴化而親近的猛禽。

紀燁開著小廂型車，帶著半歲大的母粟翅鷹「想想」，來到壽豐鄉月眉村倚山的稻田與南瓜田巡視。時序春暖，別看眼前一片綠禾，風光旖旎，要被「驅逐出場」的對象，其實都在角落裡躲藏。粟翅鷹的眼力格外銳利，順應氣候的能力良好，即便是南美洲的原生種，在臺灣仍舊能夠適應環境，勝任田間的戒護工作。

水雞（紅冠水雞和環頸雉）與穀鳥（麻雀和鴿子），是農民最主要的驅趕對象。水雞會啄咬稻苗，影響稻作生長；穀鳥會在屆臨收成時叼食稻穗。不得已之下，才會選用天敵老鷹來恫嚇追擊。紀燁只在農田蔬果的種植地放飛巡戒，首重保護作物，原意並不在於全面撲殺。

對紀燁來說，想想還算是一隻小鷹，需要磨練經驗，所以要多帶牠到野外熟悉環境。想想本於獵性，展現一隻老鷹與生俱來的威風霸氣，深邃眼神萬分犀利，守護鄉民辛苦栽種的農作物。

「臺灣獵鷹文化暨猛禽保育協會」下，紀燁馴養包含想想在內的三隻粟翅鷹，以登記卡註冊每一隻鷹的基本習性特色，代表牠們在鷹獵農法體系裡頭，是一個被重視與保障的特殊成員，扮演至為重要的關鍵角色。

「有一定的驗收時程嗎？」我問。

「平均說來，訓練一隻人工繁殖的老鷹，具備判別各式叫飛指令，熟悉田中環境地形，能有效驅嚇入侵的害鳥，要花上三個月到一年的時間。」

## 傲氣神鷹，主從心有靈犀

為讓老鷹到戶外能有效地驅逐鳥類與鼠科等動物，平日必須接受特殊的擬人教導程序，才能收到良好的成效。為避免老鷹太過「著迷」追趕鳥類，而忽略主人召回牠的口令，於是紀燁準備了三套應變模式。

首先，如果主人認為時間到了，就會呼喊或吹哨音，提醒老鷹該回來了。若第一時間喚不回，藉由老鷹腳上套掛的螢光燈，可以正確知道牠的位置，尤其在白天黑暗反差極大的樹叢裡，綠色或紅色的螢光也看得非常清楚。

其次，可以用電子鈴系統發出訊號，讓老鷹身上的接收器發出聲響，告知返回的指令。

第三，利用無線電系統的發報器，做近、中、遠的追蹤感應，發出訊號聲，要牠趕緊飛回主人所在的位置。

以往到了收成時節，農民動輒以藥物毒鳥，老鷹誤食被毒殺的鳥兒之後跟著遭殃。位處食物鏈頂端的鷹類數量一旦減少，就會引發連鎖效應，穀鳥族群少了天敵，來年勢必聲勢龐大，造成農作收成銳減的反效果。

從英國進口的栗赤鷹，在臺灣已成功繁殖。紀燁遵循土地法則，倡導用生物防治的觀念取代毒鳥。改變已往用藥農法來生產稻米，紀燁是目前臺灣唯一研究老鷹習性，並將養鷹驅鳥法應用在平衡農業生產的青年。賣米所得利潤的一成，用來捐助猛禽保育協會永續經營，這是一體兩面的正向推廣概念。

除了鷹獵任務，想想平日也要接受「社會化過程」的訓練，在農產銷售店門前的棲臺上，「矚目」旅人與車輛往來，以適應居住環境，日後不受任何人類文明的活動與生活模式所干擾、驚動。

## 回鄉助農，出汗出力兼行公益

為幫助農人拓展產業通路，獲取公平利潤，不被盤商剝削，紀燁自創網銷平臺，力促產品要有市場動能價值，取得消費者與農民都能接受的買賣價。

壽豐月眉村的農民，原先都與其他農民境遇相仿，平生辛苦大半歲月，到頭來卻賺不了幾個錢。有鑑此種低迷情況，原本在臺北當資訊工程師的紀燁，毅然回鄉照顧父母，一起設法銷售南瓜和地瓜，解決農民低報酬的狀況，「壽豐印象」因而衍生，為大伯的農田驅鳥，替壽豐的農友改變頹勢，讓臺灣的農民穩定收益。

他結合各處小農的網銷通路，並開張實體店面，協助農民推廣自種作物。這樣顛覆過去的農產銷售方式，可以省下金流與物流的成本，有效增加收益，是一種十分友善的農法。

紀燁既是農作生產人，同時也是盤商。小農對自家作物負責，服務範圍不限於花蓮壽豐，臺灣各地的農林漁牧都能聚合行銷。一份執著食安的負責心態，讓參與平臺的大夥緊緊靠攏，齊心團結。

紀燁也不忘做公益，協助銷售所得的盈餘，常常善心捐助弱勢。看著栗子地瓜、南瓜、柚子等結實纍纍的成果，一幅認真辛勞下換得的鮮美色調，儘管農作成長路途漫長，他一心堅持，不浪費出力者的汗滴。

## 串流一股回鄉耕耘的力量

紀燁的友人提供一家老戲院場地，作為農特產品販售的店家，有機茶、鷹獵米、金針、果醬、手工皂、有機紅豆等商品，有條不紊地陳列在店裡供人選購。現場會有店員親切地為遊客解說農產銷路的執行方案與未來發展。

「現在很少有年輕一輩肯回鄉創業，開發農產品的銷售管道，更很少有女生願意頂著烈在田裡關注稻作蔬果的議題。」也是壽豐印象銷售平臺工作夥伴一員的黃玲雯小姐，如此述說。

在故鄉花蓮瑞穗，玲雯家裡是種植鶴岡有機文旦的大宗，媽媽和弟弟負責文旦園區的栽種與管理，她則經手驗證、通路方面的事宜，一路辛苦卻很有踏實的心情。

玲雯與紀燁同一年入選全國第一屆百大青年，也同感對土地付出關愛的迫切和重

要。主修醫務管理學系的她，憑著對花蓮土地的熱愛，曾經做過代課老師，又是農委會寄望推行農產合作計畫的專員對象，因而她心中更有一份使命感，要把在地耕耘的精力完全發揮出來，盡己所長地為鄉親服務，讓土地生長一片欣欣向榮。

花蓮農改場的指導員表示，希望回鄉的年輕人能串流起來，整合農業產銷，讓務農子弟不分世代，一起解決長期面臨的盤商削價困境，臺灣產業方能有發展沿續的未來，一代傳一代。

我終於知道，原來「鷹獵米」真的不如自己原本所想像的簡單，那必定是個思慮長遠的計畫。就如紀燁所說，在土地上工作，是一種責任感的觀念，是一處大環境的成長與共，並非擴充自家財庫的營利想法。對土地有了真情感，方有可能為農業環境帶來新的變化。

看著遊客川流不息地上店探問和消費，我不禁想著，舞蔬弄果的老農與小農們，那股自信又開朗的耕耘力道，終究又回歸這片篩落日光的美麗土地。

## 傲氣猛禽帶動的農業傳承

鷹翔萬里，觀者無不震撼，但最讓人感動的，是那份呵護土地、關心食安、期許故鄉能有所發展的在地堅持。鷹獵米不是拿禽鳥當噱頭的浮誇商品，而是對農業世代傳承的渴望。

「想想」銳利的眼力，能夠找出隱藏在田際的害鳥。

欲養成老鷹有效進行戒護任務，必先培養主從之間的默契。

如此碩大飽滿的南瓜，可要多虧「想想」出的一分力呢！

臺東縣海端鄉

# 海拔一千零六十八公尺上的燦爛笑顏

軍隊沿著南橫公路往臺南出發，遭遇惡劣天候，道路坍方中斷，隊伍因此受困在啞口。那晚，她將自己的雜貨店借給軍方，當作臨時避難處，同時號召村民一起外出撿拾柴枝，以提供阿兵哥們炊事的燃料。

「嗨！陳大姐，十幾年沒來了，我還記得這裡的故事喲！」

「陳大姐您好，哇！好久不見，您身體還是保養得很健康，您人真的好好！」

「早安陳大姐，我又回來了！」

「你們好！歡迎上山來玩喔！」

一群已是成年人的昔日救國團學員，興奮地問候道安，回到他們內心惦念不忘的「陳大姐名產店」。

四十載的寒暑易節，陳大姐還是在與世無爭、樂活慢調的利稻部落，風清雲淡的自給生活著。歷經四季交迭的風霜雨露、自然災變的南橫，如今沉寂許多。利稻的清平靜謐，自然而然地叫人思懷想望，嘹亮高亢、迤邐遍山的歌聲滿行囊的行旅景況。

那些帶領學生采風問俗的救國團營隊，物換星移，不再似曾相識的一年重溫過一年。如今我走入利稻村，香菜的樹木昂然如昔，行列整齊的菜圃仍在散發鮮綠，陳大姐的店依舊挺立，只是山谷間少了學子團康的歡顏絮語，村子銳減了泰半的觀光人潮，不絕於耳的只有此起彼落的蟬鳴鳥叫尚在應和，奏趣著這片山水的秀麗。

「午安，陳大姐妳好！」

「你好！雨下滿大的呀，騎這麼遠的山路餓了吧，我麵煮好了，還有泡菜配，也有紅豆愛玉湯，不要客氣喔！」

陳大姐性情隨和開朗，親切地招呼歡迎我的造訪。

終究一樣的笑容，一貫的和藹待人，陳大姐仍是那個大家都熟識不過的陳大姐。

我只想說：久違了，陳大姐。

南橫寒來暑往的日子，有妳，就不會讓人感覺徬徨無措；如妳，照料出外人，心手相連的噓寒問暖；有妳如妳，還在利稻村守望相迎，山上的時光總是特別美好。

## 山林薄霧中的農園景致

陳大姐的故鄉，在嘉義阿里山鄉十字村（十字路），她的丈夫（劉先生）是四川人，曾經在貴州擔任過警察局長與督察長，兩人初識之際欣賞彼此，婚後一直為一對恩愛情深的伴侶。

日後丈夫請調至臺東利嘉、馬蘭等地，輾轉派赴海端鄉利稻村，擔任利稻派出所所長，自此夫妻倆就在清幽自然的土地，積極努力地耕耘。

四周被中央山脈群峰圍繞，海拔一千零六十八公尺的利稻村往往隱身在薄霧中，它是南橫公路沿線最大的河階平原，田野平疇，房舍錯落，一副精緻農園的美景，盛產高麗菜、青椒、番茄、紅豆，人稱世外桃源。它曾是救國團營隊在南橫東段的一處落腳住宿

點，也是補給水源與糧食的中途休息站。

利稻，是由布農族母語翻譯而來，以前有很多的野生枇杷在此生長，布農族人將枇杷稱作「立豆（lito）」，民國時期改稱利稻（諧音）流傳至今，便是人們印象中熟悉的南橫中途聚落。

陳大姐往日以販售高麗菜為大宗時，過剩之餘就自研手工醃製泡菜。由於利稻出產的高麗菜，以南橫栗園的天然泉水灌溉而成，不灑藥肥，特別清甜脆口。如今店裡最有人氣的名產，就屬泡菜了。醃辣蘿蔔與四色花生糖（以黑芝麻軟飴花生組合而成，其中軟飴又以金桔、地瓜、鳳梨調味，非常獨特），以及醃木瓜、愛玉紅豆湯也非常有知名度，是宅配的熱門商品。

女兒在臺東市開店賣臭豆腐，用的就是陳大姐親手醃製的泡菜，一股為人津津樂道、讚不絕口的好滋味，每是吸引大批民眾前來品嚐。

## 滿是感激與情意的回憶牆

陳大姐的「枕戈商店」（陳大姐名產店的前身）於民國五十九年開張時，南橫公路尚未貫通，當時她便以一公斤二十元的價錢，雇請新武、下馬、霧鹿部落的原住民朋友，將販售的商品物資背運上山。

顯眼的店名頗有一番趣味，陳大姐的雜貨店叫「枕戈」，而對面的小吃店稱「待旦」，兩造字義兜在一塊，倒是別具想像意味的巧合。

為能早日完築南橫，榮工處也雇請原住民朋友幫忙背米負菜，運補所需糧食，那時陳大姐一邊背著兒子，在利稻路邊販售冬瓜茶、發粿和洛神花搖搖冰，供給原住民解飢止渴，一邊也幫忙煮大鍋飯給築路的榮民工人吃。她平易近人的性情，不時付出，不求回報的愛心和同理心，一直得到人們的讚許。

無論是「枕戈商店」或是「陳大姐名產店」，往來的學生與登山客總是受到她的悉心關照，而敬稱一聲「陳大姐」，大家口耳相傳下的好聲名進而遠播，來利稻的旅客一定都會光臨到訪，向她打招呼致意。

陳大姐總在店裡的空地，擺上榻榻米，免費給南橫公路的登山客和學生居住休息，也貼心地煮上熱騰騰的紅豆湯，給他們取暖，叫人萬分感動。

她回憶最熱鬧的時候，甚至要煮一百來鍋的紅豆湯才夠，很有愛心的陳大姐，一再地給人最即時而溫暖的幫助。

學生把隨身的旗幟、布條和衣物，索性寫下感動的敘述與表白，就留在牆上給陳大姐作紀念，日積月累的就把牆都掛滿了。

我細細觀察了好久，每一個留言都透露著感懷與祝福，由衷的道謝，記錄著大家一同高歌歡笑，輕鬆話語的歲月。國內眾所大專院校頒給她的感謝狀如雪片般已多到數不清，這些都是屬於陳大姐的「無價資產」。

陳大姐對我說，原本有更多有紀念價值的衣服、卡片、旗子、感謝狀，在一次颱風肆虐下全被風雨颳走，一度讓她難過不已。

不僅是為人父母帶著小孩來利稻拜訪陳大姐，端詳牆面提話當年，連已當祖父母的遊客，也是全家族的重溫舊夢，品味這間店不凡之處。

## 坍方風雨中的驚恐與不安

事實上，在救國團利稻山莊未落成前，陳大姐的雜貨店可說是南橫旅客倚重的避風港。陳大姐說自己最有印象的，是民國七十年，軍方行軍途中所發生的事。

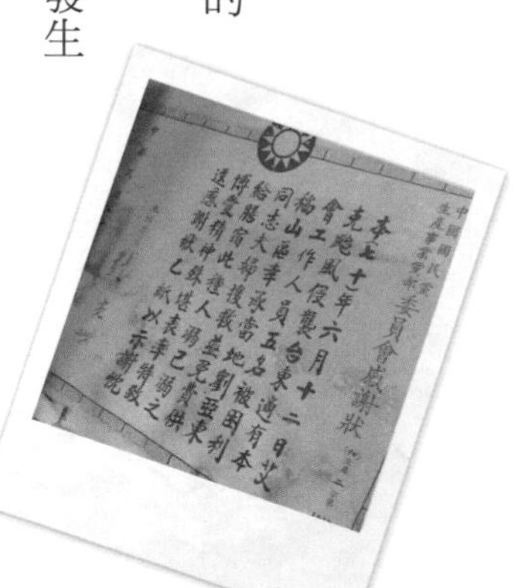

軍隊沿著南橫公路往臺南出發，遭遇惡劣天候，道路坍方中斷，隊伍因此受困在埡口。當陳大姐知道了這個消息，立刻載著店裡的五百個麵包，一路狂奔抵達事發現場，適時替進退維谷、飢寒交迫的軍隊伸出援手，提供糧食取暖。

那晚，她將自己的雜貨店借給軍方，當作臨時避難處，同時號召村民一起外出撿拾柴枝，以提供阿兵哥們炊事的燃料，她更騰出兩臺洗衣機，讓他們可以把衣物做簡單的換洗風乾。

從黑夜到白天，那「一泊二食」的鼎力相助，讓軍方順利獲得補給，因而指揮官旅長與每一位官兵，均感念陳大姐的無私付出，致上最崇高的謝意與敬意。

TTH
台東車隊
4×4
中

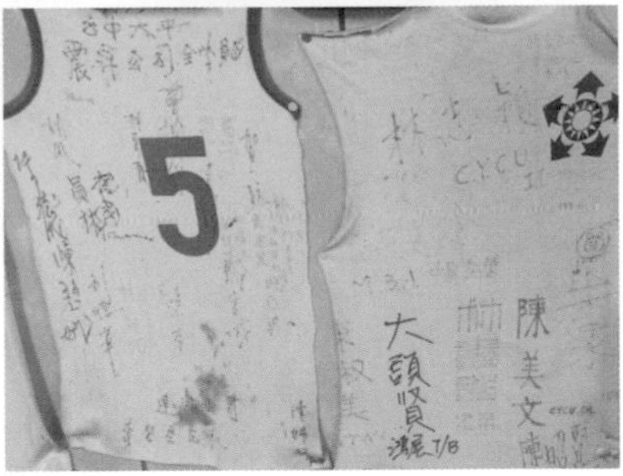
5
CYCU
大頭賢
陳美文

阿兵哥知恩圖報，放假總會到陳大姐的店裡消費，她也聊表對軍人的景仰情分，因此都會購買水果與農產品無條件贈與，兩方的好交情，無形之中展露了軍民一心的敦睦和諧。

又有一回，中正理工學院的學生情侶二人，在颱風侵襲下受困南橫，迫在眉睫地寄宿在陳大姐的店。是夜狂風暴雨，將整片屋頂吹掀，陳大姐與女兒，就和情侶躲避在角落，四人緊緊擁抱在一起熬過驚恐的夜晚，化險為夷。

## 榮景不再卻難捨家園

南橫景色優美，觀光帶動的繁榮商機也曾風光一時。當時利稻部落遊人如織，陳大姐除兼營餐廳外，還忙於供應百來桌的遊覽車團餐。每逢寒暑假，救國團更帶來數梯次的學生團體，在此宿營，進而讓利稻成為南橫路上的一顆閃亮明珠。

但民國九十七年的莫拉克颱風（八八風災）挾帶豪雨，重創南臺灣，南橫公路也受到嚴重損害，柔腸寸斷，大關山東隧道口崩塌至今，已有八年光景，南橫全線依舊未能通行。

利稻橋被沖毀後，學生必須走天龍古道進出山谷。南橫六口溫泉明隧道的施工以來，每日均實施交通管制。

宅配業者因此拒絕進入利稻，民眾向陳大姐訂購的泡菜和花生糖，也只能找專人送到山下再轉運。

如今農特產和民宿受到發展瓶頸，餐飲商店多半銷聲匿跡，平日也僅有零星的遊客到訪而已。

「南橫公路再不通，這家店就要被遺忘了。」陳大姐語重心長地說。

她甚至憂心起店裡的盈餘，連基本生活的水電費都可能無法支應。

女兒貼心地希望她離開山區搬到臺東市區，以便能夠就近照顧。但陳大姐早已習慣待了四十餘年的利稻生活，一草一木，不捨就這麼離開自己一手撐起的老店。

## 南橫旅人的暖心補給站

利稻是由布農族母語翻譯而來，以前有很多的野生枇杷在此生長。在救國團利稻山莊未落成前，陳大姐的雜貨店一直是南橫旅客倚重的避風港。她總在店裡的空地擺上榻榻米，免費給南橫公路的登山客和學生居住休息，也貼心地煮上熱騰騰的紅豆湯給大家取暖。

走過四十年的老店，卻難抵交通不便的衝擊。

一碗紅豆湯，蘊涵的是陳大姐溫情滿滿的心意。

一張張泛黃的照片，散發出一份珍貴的人文情愫。

琳瑯滿目的名產，期待有重現風華的一天。

金門縣金寧鄉

# 候鳥民宿的嬌美鏡頭

她過往在臺北生活，熟悉街道華燈，未曾想過金門湛藍天空下的時代軌跡，究竟是什麼模樣？很多夢想開始在金門萌芽，用候鳥旅行的視野引領自我生活遠景，臺北與金門共通夢想的深切人情，在每個角落綻放。

當年一群攝影同好聚會時，沒有人會預想到，一道不經意按下的快門，成就了日後動人的美照氛圍。

一襲微風吹拂飄逸髮絲，一副悠閒出遊的嬌美姿態，神韻恰為自然，高雅氣質柔和美目盼兮，民宿老闆娘劍秋（Grace）握拿單眼相機的美麗倩影，讓進門的旅客為之驚豔，讚嘆連連。這幅攝影好友倏拍的美圖，大方優雅地掛在候鳥民宿進門大廳的正面牆上，無時不刻自然地成為人們矚目的焦點。

若是由民宿左廳進入，眼神所聚焦的，則會是另一番生動情境的驚喜。懸掛著白鷺鷥佇立一方的背影照，拂風輕輕揚起了白栩羽毛，頭頂垂墜兩辮的悠揚姿態，以「俠少」的江湖名號形容頗是貼切，我耳邊彷彿聽見「西門吹雪」的瀟灑暱稱，兩相比喻互別苗頭。

這張白鷺鷥是劍秋的得意之作，然而跟拍的過程卻折騰許久。牠停停飛飛，好似刻意背對閃躲，不轉正面；她鍥而不捨地追隨，耗神了兩個小時，方才將攝影主角「喀嚓」入鏡。人與鳥邂逅的奇妙意境，讓劍秋特別珍藏這張湖邊生態之美，曾經留佇的掠影對白。

驚呼之餘，我在心裡靜靜思考，印證喜好攝影的雅士，總是願意專注耐心等候，直到相機眼簾中的那幅賞析構圖完美入鏡。

## 以照片探索金門的蛻變風韻

劍秋告訴我，她在一次西雅圖的旅行中，因緣際會接觸到單眼相機，迷上攝影所帶來的喜悅感。日後每一張寫實記錄的照片，她都會細心保存，愛不釋手地典藏。

與丈夫振池（Gray）經營民宿之後，她開始把自己專攝的金門系列作品，布置在民宿各個角度。那些充滿特殊情懷的人文紀實照片，自然賞心悅目。來訪的客人，如我，細細品味絮語如畫的影像故事，時代背景的告白在內心低迴旋繞許久。

劍秋為旅客解說照片裡的生活點滴趣味，介紹特殊取景的花木鳥語時，總是語調清晰詳盡，神情親切婉柔。人們同步賞聽的每一分秒，迅速增進彼此的互動。透過這樣豐富的人文影像「導覽」，就是她帶給來到候鳥民宿的朋友們，一份最佳的金門行見面禮了。

若你是來金門慈湖拍攝鳥群的初學者，劍秋儼然化身為稱職的導覽員，可以確切告知哪些地點、角度較適合取景。入住個幾天，經由討論切磋，往往就學會了許多攝影的秘訣呢！

看完民宿的美照陳設，你可以大方隨性地告訴劍秋，想要走訪比較不一樣的金

門私房景點，那麼夫妻倆就會開著車，帶你走趟在地人才知道的路線，瞧瞧另類的金門面貌。振池大哥是金門人，心中自有活絡的地圖景觀，無論哪個季節都能觸動旅情，感染觀光熱潮的魅力。

劍秋回憶，有一次帶領旅客參觀古寧頭戰史館，她正詳盡地解說史蹟典故，也許是專注的神韻和細膩的口音引人側目，驀然回首，竟發覺其他觀光團已聚在自己身邊，把她圍了一圈。

她強調：「那時我的內心，有溢於言表的悸動，如金門人文的知性與感性，始終有汲取不完的吸引力道。我敏銳地感覺金門和過去不一樣了，金門正在改變，特別是人文意識的建設。所以我的口吻是凜然又帶著一絲激昂，表徵對這片土地所有奉獻者的緬懷崇敬。」

攝影技術高超僅是其一，我從劍秋照片傳達的背景意涵，總是領悟得到一份真善美；

那股耐人尋味的文化價值感，牽動旅人發現金門的思緒。

聽完劍秋的話，我期待著，大金門的湖下與小金門的后頭，這份歷史相鄰情愫，會在橫跨江海的大橋落成時，清晰地聚焦在她的鏡頭裡，實地的觸動無數快門，刻劃入微的連動聲響。

## 旅人如候鳥歸巢，賓至如歸

金門的慈湖共孕育四百餘種的冬候鳥與夏候鳥，每年在此棲息。劍秋夢想座落在湖旁的候鳥民宿，能夠讓往來的旅客像遷徙的鳥兒那般，充滿驚喜地回到巢中。

這座民宿散發出等同家庭溫暖幸福般的休憩氣氛，有家鄉的熟悉味，有家居的安全感，更有家常般的放鬆自在，是可以編織和延續夢想的暖巢。尤其是落日餘暉下的慈堤，倦鳥歸巢，不時勾勒出故鄉黃昏繽紛彩霞的幸福風景畫。

入住候鳥，大小地方都可以感受到熱誠招待的濃厚用心。從室內精心刻劃布置的藝術品，美化住宿格調，到基層的整房程序，塵埃不染；外頭甚至鋪設了紅磚小道，植栽美豔花卉與點綴發亮的太陽燈。由裡到外，這些工作夫妻倆都是攜手親力而為，竭力在民宿每一細節下功夫。

很多旅客選擇再次入住候鳥的理由，竟是念念不忘美味精緻的早餐。對劍秋來說，笑容和早餐都是她一天活力來源的重要元素，腦海中早有規劃完善的滿滿菜單，並依照客人的習性、年紀與喜好，增添巧思和口味變化。每當看見客人餐點入口時臉上洋溢的驚喜感，她自嘲，天未亮便起來做早餐的「廚娘」辛勞寫照，也就不以為意了。

「民宿就要如家人互動般的影子，將心比心，善盡著一個主人的至高心意。」「相逢是緣，人們因為感念所得到關懷對待，彼此留在心中的美好回憶，才是旅途上最動人的風景。」

抒發心底的真情話，劍秋由衷希盼旅客都能將候鳥民宿，當成一個短暫停留，但富溢溫情、溫馨、溫暖而溫心的家——她的夢想終究成真。

如果，一群從小在眷村環境長大的孩子，國小畢業後闊別四十年還能相約聚會，那會是多麼令人喜悅與感動的事？如果，小學同學會的旅遊，有緣相逢入住在同窗經營的民宿中，又會是番什麼樣的人生旅感滋味？

劍秋實現了這樣的「如果」。

這群來自高雄大寮忠義國小的「大小孩」，連結了人生可貴的聚會情分。「忠義五六相逢四十年」同學金廈四日遊，入住候鳥民宿，找回了天真與赤子之心。數不盡的話語思緒，道出昔日親暱的衷情，他們相約來年沿續在臺灣各地緣聚敘舊。

劍秋的民宿遠景，一直以來是溫故知新，實現生動面容的美麗驛站，帶著這群大孩子親近候鳥，續航飛向天際去追夢、圓夢。

有人猜得出，自己人生能有幾次像這樣無窮回味又精采的「如果」？

## 菜伯笑顏伴悠閒

民宿門前園地種蔬果的阿伯，也是這方天地的醒目招牌之一。有機種植的蔬果，不灑農藥，雖然外表不美麗，但吃來絕對安心。劍秋妙在言外地表示，每天早上用不流利的臺語問候早安，是她與阿伯彼此間最沒有障礙的詞語。

有時準備的材料不夠，劍秋就會直率地下田拔菜，眼

見自己吃的食物就鮮活地種在民宿前面園地，客人當下也覺得趣味性十足。

金門人總是以一份互動關懷，來與鄰居搏感情，包容以對，劍秋領悟出他們是用多麼大的熱愛，以及胼手胝足的感人力量，來守護金門這塊土地，哪怕只是眼前的這片小小菜畦。

曾有一段趣味橫生的鄉土語言對白，讓她印象格外深刻。

劍秋：「阿伯，你要種蝦米？」

阿伯：「蝦米攏欸當種。」

劍秋：「阿賣按怎種？這大欸地，你一咧郎喔？」

阿伯：「我找郎來倒撒工。」

原來，阿伯口中的「郎」是指一頭大黃牛，牠的名字叫「嗡嘛」。

劍秋滿臉笑意地對我說：「只看過種田用牛，沒看過種菜也用牛吧？」

笑。

有緣入住候鳥民宿，見識到這寫實的一幕，還真叫人大開眼界，嘖嘖稱奇而竊

我忝為記者，見到劍秋對金門的人文面貌，有著熟稔透析的深刻解讀，不禁感到欽佩。她散發著細膩的觀察力，以及顯明的關愛鄉情特質，倒真像是位稱職的在地記者。

## 回眸候鳥人生，臺北金門綻放夢想

由於劍秋不時會承攬在臺北的婚禮企劃設計課程，她必須往返兩地。沉浸做自己興趣所在的婚禮學程，她再回到金門時，就轉為充沛的泉源動力。來回奔波，心底深處既是踏實安然，就不會覺得疲累。

她過往因求學、工作而在臺北生活，熟悉街道華燈，未曾想過海峽那端，金門的湛藍天空下的時代軌跡，究竟是什麼模樣？慈湖的候鳥，又有什麼習性？很多夢想開始在金門萌芽，用候鳥旅行的視野引領自我生活遠景，臺北與金門，無垠天際，卻有共通夢想的深切人情，在每個角落綻放。

劍秋從未想像民宿經理的一切，會在她心中產生寬大的轉變和啟示。她由一開始的想逃離金門，如今已成為一種難以割捨的放不下。

我說：「走進候鳥民宿，是一種端莊雅致的深切觸感。相約候鳥民宿，是候鳥摯友不變的信諾，只因滿足和信任。回眸候鳥民宿，是暫別的離緒，牽動心扉。」

劍秋帶笑地回應：「我想改變大家對金門的觀念。它不只是布滿戰爭遺跡的島鄉，值得去發現金門沈靜卻讓記憶滿懷升溫的人文空間。希望來候鳥的客人，不只把它當成旅遊曾經駐足的一個點，而是人生回憶的一部分。」

金門的候鳥，真的好有魅力！

## 記錄湛藍天空下的時代軌跡

金門慈湖孕育四百餘種的冬候鳥與夏候鳥。禽鳥依舊不住往復，但人事已非，金門從昔日的戰地，轉型探索觀光的無窮潛力。民宿內的嬌美鏡頭，牽動旅人發現金門的思緒，留下時代轉折的記憶，勾勒出故鄉黃昏繽紛彩霞的幸福風景畫。

將照片組合成金門島嶼的輪廓，讓旅人永遠記得這裡的回憶。

從戰地到旅地，金門的風貌正在轉變。

蘊含候鳥元素的室內裝飾，恰如其分。

攝影好友倏拍劍秋的美圖，就掛在民宿進門的大廳牆上，旅客無不讚嘆連連。

候鳥民宿實現了溫故知新的「如果」，讓一群忠義國小的同學們再續緣聚。

金門縣金城鄉

# 珠光閃耀的離島古厝

「想來金門的，卻來不了，想回臺灣的，卻意外地留下來。」旅人從原先的無意入住，到最後喜愛上古厝裡邊的小小溫馨感，靜謐而舒坦，無疑是上天巧妙的一場安排，讓彼此在此緣聚。

空姐一句一句親切的詢問與叮嚀，猶在耳際縈繞。徜徉晴朗高空的浩瀚天際，揭序了這一段島鄉旅程。

鍾情具歷史深度與厚度的旅行印記，從小到大，惟芬（Fenny）看見金門人事變遷，景物依舊。擔任空姐在外飛翔久了，惟芬反而有種保存家鄉文化的思情，在心頭一再醞釀。金門的古往今來，恰然有層層相扣的歷史堆疊。一種滄桑也是，一股寂寥也罷，她覺得，在地人對金門樣貌的解讀，總是細膩而且入微。

認識惟芬之後，我才知曉空姐眼見的世界地球村、驚讚的燦美文化，有一天也可以優雅地在一座小小島嶼上，戳印那片深邃的交融圖騰。翻新後的古厝，在前線金門金城的珠山聚落，緣起一段空姐民宿的故事。

「同事的老公，當年規劃賞遊金門的行程，希望下榻老房子的樸實感，感受聚落裡的舊時風情。我是在地人，上網尋尋覓覓，幫忙訂了一間古厝改建的民宿，想不到自己最後也迷戀上這些引人入勝的歷史人文……」

惟芬如此經歷，意外地喜歡上了古宅的況味。緣分的力量巧妙地牽引她，把一包包帶著希望的夢田種子，灑向金門土壤。

幾年前，惟芬辦理留職停薪，回鄉充實自我，如願考取銘傳大學觀光管理碩士班。適逢金門縣國家公園管理處推動古厝改建的藍圖，以BOT模式招標民宿，惟芬開始一邊憧憬，也一邊策勵自我，在精研學問與務實生活方面，都必須與時俱進追求目標。

二○一三年，惟芬姐弟倆用誠摯的愛鄉理念和規劃願景，說服了評審委員，標得珠山聚落的古厝，通過特色民宿的認證，並以「相依珠山，相惜金門」的優美境況，以「一三」的諧音取名為「依山行館」，讓人看一眼就很容易記取這個別具含義的標誌。

## 入住古厝，緬懷土地恩澤

來到珠山，可愛的小指標搶眼地鑲掛在有歷史痕跡的石牆上。一旁的藤蔓綠葉是新誕生的鄰居，彷彿一同在對我說：依山行館就在幾步路的前頭招手了。

我佇立宅前，幾張洋溢歐風的白色桌椅和遮傘擺設，增添美感愜意。小小的園地裡，看來一片花木扶疏，插它幾支色彩豔麗的風車，迎風轉呀轉，更有村落淡雅的倩影。布置簡約的古厝庭院優雅宜人，在剛飄過細雨的清爽空氣中，我嗅著花草與泥土混合的大地清香，緩緩蒸散，裊裊圍繞。

依山行館的格局，是一幢二落大厝加左護龍的四合院古厝。木質窗櫺搭賞磚瓦屋牆，屋脊上的燕尾馬背依舊翹首天際。牆面圖案的用色醒目豔彩，襯托蒼穹藍天白雲。古厝本就堂皇，輔以有細緻入微的修葺加持，當然能綻露獨特的風韻。

依山

夜裡的珠山聚落，沒有商店佇立喧囂的雜沓。祥和寧靜，坐下沏壺茶，三五友人閒話古蹟，或仰頭觀望金門的點點星空，心情放鬆自在舒暢。無論白天黑夜，眼簾中的依山行館，人人解讀著不同觀感的美與靜。

有金門耆老表示，遊人若要深一層歷境金門聚落，了解陳舊史蹟，最貼切的方式，就是入住翻修改建，但不失文化內蘊的古厝民宿，安適地休憩幾個夜晚，鉅細靡遺地尋看走訪，最有回味過往的動容感觸。

惟芬美術設計的靈感，活絡了閩風建築的古樸氣息，讓一草一木生命力旺盛地環繞古厝，美不勝收。放眼建築美學，從室內藝術布置，或是壁上保留的多元圖像風采來觀察依山，以一種采風問俗的姿態細細品味和記錄，旅人就能輕易地找尋出一份原不熟悉的金門質樸和人文薈萃。

## 東西禮讚，文化交融於古厝

惟芬以前是飛國際線，耳濡目染世界城市林林總總的國情史物，累積許多見識。看過各地旅館內在豐富、外在典雅，並融入生活文化元素之後，她藉由自己的美術設計才華，結合行囊心境交集，美幻了依山行館的時空錯置，銜續文化脈絡。她常翻閱故鄉的街巷人文，牽繫聚落民情，用心耕耘故鄉的惟芬，認真的神韻最是美麗。

前衛的創新風潮，將閩南屋舍的端莊素樸，挹注了歐美與南洋生活的華麗色調。衝突美的激盪下，反讓古色古香的民宿，更添了娟秀妝點，流露顯而易見的沈瀲美感，加持古厝的悠久價值與毓秀。

天井下是招展的南洋風尚，旅人蕉（天堂鳥）與蕨類植物應景搭配，再擺它兩席躺椅，置人於島嶼度假的幻想空間。屋體的木梁、紅磚地，保有中式由來傳統味；唯美優雅的宅院燈籠高高掛起，下頭猛然瞧見英國國旗抱枕坐落椅上，果真是中西合璧的試煉，兩相衝擊，乍看違和，卻美得轉化為遊客心中的浪漫意境。風水美學，歐式曲風，兩造文化在古厝相遇，彼此輝映。

入房，歐式床櫃雕琢細膩，別致絢麗。挑高裝潢，拾階而上，遇見窩心的小閣樓，為旅人一家大小體貼地鋪陳高雅的枕被，幸福入眠。房室的命名極具濃濃思鄉風潮，朝陽、晨星、沐月，是太陽星星月亮的組合風；春日、暮夏、秋風、冬陽，則代表四季更迭。時序輪轉的涵義，讓我暗自思索；原來，家終究是最溫暖的歸處。

房門外頭是密碼鎖，門內則是保留舊時的厚實木條門栓。我推著厚重的木門開關，自然發出嘰嘎聲響，果真維持了古早味和鄉村簡樸庶民風，毫無停滯地沿續古今。

## 霧鎖金門，緣聚美麗邂逅

十餘年資歷的空服生涯，讓惟芬嫻熟接待應對的禮儀，經營民宿深得人緣，備受稱許。她言談落落大方，泛漾風姿綽約，優雅和藹的親民態度，逢人笑盈問候招呼，讓人對她留佇美好的印象。

「想來金門的，卻來不了，想回臺灣的，卻意外地留下來。」回憶來來往往的過客，惟芬意有所指地對我形容。

聽完，我苦笑地接話：「我一早就當空中人球，從臺北飛來，卻因金門機場關閉，又飛了回去。等我搭較晚的班次降落金門時，已經耗掉一個上午的時間。」

「你也剛落地不久，是班機延遲嗎？原來今天我們都是等候許久的苦主啊！」惟芬此時大笑了起來。

當霧鎖金門之時，原本訂房的客人，就因時間耽誤而取消了行程，而要回臺灣的旅客，因沒有班機回臺，必須在金門多待上一晚，因而邂逅依山這間民宿。經由惟芬的解說介紹，認識古厝裡關於旅行和藝術所交織的美學文化。

我想像，旅人從原先的無意入住，到最後喜愛上古厝裡邊的小小溫馨感，靜謐而舒坦，無疑是上天巧妙的一場安排，讓彼此在此緣聚。

## 家人齊心，點亮民宿溫暖燈光

天剛破曉，夜裡的雨珠欲滴還留地附掛在庭院椅背上時，吳媽媽已從金城鎮買餐點回來。廣東粥、麵線糊、油條、閩式燒餅、豆漿、鹹粿等等，旅人可以一次吃到多項金門道地美食，暖暖的營養指數擁入心窩，幸福美滿。

翻看餐房架上陳列的金門書籍，喝著現煮的香醇咖啡，一股書香氣息自然瀰漫。我欣賞著惟芬與妹妹合作出版的立體書《呢喃金門》，插畫精美傳神；她親自發想繪畫的人文風景明信片，街道巷弄、風獅爺、山水怡情，一樣引人矚目。如斯金門風采，大朋友、小朋友怎有可能不因此陶醉，心生探索之樂呢？

民宿經營是一家大小共同投入的事業。姐姐是空服事務長，妹妹提供文案設計協助，弟弟是金門導遊，媽媽準備豐盛在地早餐，爸爸早把古厝園區美化了，表哥和小阿姨負責入宿的接待登記，人人休戚相關，全心全力投入。有了家人的助力加持，惟芬燃起的每一盞夜燈，無不點綴得讓旅人倍感溫暖、幸福暢寄。

「感受細膩的人，最能領略人生各種風景，最是有福。」惟芬用務實的態度，繼續找尋她生活中的不凡際遇。

確實如此。記得我第一次騎著機車在金門遊街時，按圖索驥找到了珠山聚落。那個夜裡，聚落的微寒與俱寂讓我困惑，古厝的衣裳外裝未免略顯單薄。由於沒有住宿計畫，我當夜便飛回臺北，未能感受其中究竟。

兩年後我舊地重遊，這一晚我深深細數，民宿裡每一句隆情厚誼的關切迴盪內心。依山和惟芬有如晶瑩的蚌珠，無時無刻地在珠山聚落靜靜閃耀，光澤妥適溫潤，等候契機與造訪金門的有緣朋友相遇。

# 緬懷土地的古厝翻新

閩南屋舍端莊素樸，以前衛的手法結合歐美與南洋的華麗風格，激盪出別樹一格的浪漫氛圍。誰說古早味和鄉村簡樸庶民風，是遊人唯一的選擇？砥礪文化內蘊，以采風問俗的姿態細細品味和記錄，就能輕易找出金門的質樸和人文薈萃。

古厝與鮮豔歐風擺飾的組合，激盪出另一番美感。

十足西式的房內裝潢，在懷舊與舒適之間取得平衡。

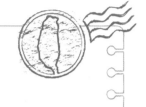

珠山聚落的古厝，呈現一股靜態之美。

惟芬與妹妹合作出版的立體書《呢喃金門》，讓大、小朋友皆領會人文風采。

聯絡資訊

## 蘸浸煤鄉的古往今來

- 店名：平溪的家　明通雅舍
- 地址：新北市平溪區石底街52號
- 電話：02-24952145

## 戍守臺灣極北燈塔的好漢

- 單位：交通部航港局富貴角燈塔
- 地址：新北市石門區富基村楓林1號
- 電話：02-26381049

## 接棒傳承的父女木工情緣

- 店名：原木工坊
- 地址：新北市新店區北新路三段26號
- 電話：02-29140400

## 空姐著陸搖身為花仙子

- 臉書粉專：綺的香草屋
- 地址：苗栗縣通霄鎮五北里10鄰89號（未對外開放）
- 電郵：chisherbhouse@me.com

## 讓童稚記憶成真的樹屋推手

- 店名：后里泰安檜木樹屋
- 地址：台中市后里區泰安村安眉路17-2號
- 電話：04-25564706

## 翻越中央山脈的高山小巴

- 單位：豐原客運梨山線
- 地址：台中市豐原區三民路46號
- 電話：04-25234175

## 歡度萍水境遇的人生旅態

- 店名：PerBed Hostel（有張床-日月潭站）
- 地址：南投縣魚池鄉中正路225號
- 電話：049-2850558

- 店名：PerBed（有張床-台中站）
- 地址：台中市進化路627號2樓
- 電話：04-22379558

## 南迴無名鐵道員的深邃背影

- 單位：台鐵枋野號誌站
- 地址：屏東縣獅子鄉內獅村內獅巷88號

※本站不開放遊客參觀，亦非旅客正常下車站點，有意探訪者需自行前往。

## 展翅田際的鷹獵農法

- 店名：壽豐印象
- 地址：花蓮縣壽豐鄉壽山路15號
- 電話：038-655515

### 海拔一千零六十八公尺上的燦爛笑顏

- **店名**：陳大姐名產店
- **地址**：台東縣海端鄉利稻村8號
- **電話**：089-938037

### 候鳥民宿的嬌美鏡頭

- **店名**：候鳥民宿
- **地址**：金門縣金寧鄉湖埔村慈湖路三段67、69號
- **電話**：0932398937

### 珠光閃耀的離島古厝

- **店名**：依山行館（I-Shan B&B）
- **地址**：金門縣金城鎮珠山50號
- **電話**：082-311850

第二篇

# 臺灣・好味道

臺北市中正區

# 塔羅牌與異國鹹派的奇妙激盪

羨慕著國外餐館的雅緻調性與優質服務，在還是空姐的那些年，她就開始起草一家店的藍圖，展現青年世代的創意天地。緣份讓她與塔羅牌相遇，當美食與占卜結合，愜意悠哉的生活風格自然散發。

GIVE ME PIE「給我派」，這奇妙的店名引人遐想。客人餓了，是先給派（Pie），而不是先給五（five）喲！但無論如何，來店吃了派，就是會嗨翻天！美食當前，我感受這份獨特的愉悅與滿足。

老闆娘小許（Sylvia）擅於打理餐飲、製作鹹派，營造出一個十足悠哉的都會餐坊，展現青年世代的創意天地。在這家店裡，大夥輕鬆寫意，盡情歡笑的互相打氣，享受輕食飲品，藉塔羅牌抒發疑問，交流心靈純真，釋放緊繃。如遨遊天際般，溫故明信片裡的異國文風，坐想一程悠然暢寄的典雅座艙，你我同屬美幻時刻的嘉賓。

在決定主打鹹派產品之後，小許找親朋好友集思廣益，討論出這個易記、活潑又趣味的句子，希望能藉此打響店名、開啟夢想。

她說：「一邊工作、一邊獲得成就感的生活，我從未想過能夠成真，如今竟化為現實。」

當初她由空姐轉換跑道、踏進美食圈時，並沒有抱持太多想法和遲疑。如果沒有踏出這一步，就永遠編織不了嚮往已久的夢，她的眼神透露出自信眸光。

「我作好經營的心理準備，自我加持一試再試的執著，還有很多朋友從旁給我鼓勵協助、加油打氣，這家店才有現在的模樣。」小許滿懷感激地回憶。一年多來累積豐富的經驗值，她更確立自己前行的方向，逐步水到渠成。

## 聯合國風味，此刻相逢一室

小許說，親手做的鹹派，餡料可以自由發揮創意。她讓菜單的品名走詼諧風格，「海派章魚哥」、「泰式打跑豬」、「西班牙核桃雞」、「花生牛底迪」等鹹派，令人初次聽到這類名稱，會直覺聯想到卡通角色的語法，進而會心一笑。

眼尖的客人，想必會發現一道道異國的美食料理，意外成了店裡鹹派內餡。這種

感覺，宛若搭上國際航班，尋覓各地料理的色香味驚喜，幸福滋味融在口中。

衝著一股高人氣，我點選海派章魚哥鹹派，現做端上桌的溫熱度，讓薄如紙的柴魚片旋即「飄然起舞，生動活潑」，透抽、蝦子、起司、美乃滋、海苔絲等搭配，餡料層層堆疊，滿滿滋味升級。生菜沙拉以油醋醬調味，清爽解膩，一份餐點吃來果然有飽足喜悅，倍感消費所在的價值。

此外，菜單扉頁中，還有一句句小許挑選出來的點滴語錄。

「這些回憶也都成為明信片，在牆上儲存著當時的感動。」

「聽別人說旅行的故事，不再是等我回來，而是在這裡等你的到來。」

原來，一座城市裡鮮活的人文呼吸聲，也能如此的節拍鮮明而動人。

## 美食兼占卜，打造吸客魅力

享用美食又附加塔羅牌占卜的隨興服務，這樣新鮮的發想，來自一群朋友穿梭臺北巷弄的體驗。派店整體的閒適氣氛，正好適合在喝杯下午茶紓壓之餘，由薇薇安（Vivian）拿出牌組為大夥卜卦疑難。

每個人都好奇塔羅牌的奧秘，小許被薇薇安的精熟解牌懾服，說服她在每個星期二傍晚駐店。顧客吃完美味鹹派、咖啡茶飲，舒適地嘴角微揚時，若心生問卜解惑之念，便可以感受其中的趣味性。

在小許介紹下，許多對塔羅牌有興趣的新朋友，喜歡選在這一天小聚，讓店裡暫且

幻化為塔羅世界，療癒內心之所不解。薇薇安和小許給予彼此滿滿的精神鼓勵，解惑眾人心裡的疑問，冀盼店裡散發的活絡氣氛，能夠提供繁忙都市人們一處自在放鬆的悠閒空間。

七十八張偉特塔羅牌，須臾穿梭於薇薇安的指掌間。準確與否，答案自在人心。人物、權杖、聖杯、寶劍、錢幣，來者抽中的究竟是什麼牌陣與圖像？提問事由的原因、結果、建議，就這麼一張一張地掀起人們心中希冀釋疑的漣漪。

「重點不在出牌結果，而在於改善的方法。」薇薇安這麼說，她牌義透析的字字句句，總要人平心以對。她不對受測者下心理學指令，而是建議用正面的樂觀態度來看待，期許朋友心中都能獲得抒解和釋疑。這種助人為善的感覺，對薇薇安而言，總是特別美好。

「塔羅牌占卜，準到叫媽媽」，繪板牆上大喇喇的十個字，或可讓人看出店內一派輕鬆的思維。牌裡千變萬化的排列組合，總有無窮想像的神祇魅力。

## 充滿童趣的歐風擺設

在學室內設計的朋友建議之下，店內牆上布滿小許行旅各國買下的人文風情明信片、世界全圖刮刮樂，以及可供上色彩繪的英國地鐵圖。

我細數牆架上的琳瑯滿目，卡通動畫布偶公仔、迪士尼系列的玩具、各類鬼靈精怪角色，風格融合著輕鬆、詼諧、討喜的話題。擺設品林林總總，還包括燒印各國城市字母的星巴克馬克杯，排列旅遊書搭襯旅遊風尚，玩偶面具，圖案別致的胸針，都增添了無窮的童玩兒興，別有看頭。顯而易見，小許為開店可是作足了準備啊！

整家店以歐洲文化格調為主，伴隨醒目的巴黎鐵塔照片藝飾，觀賞不同文化內涵，享用鹹派的時光顯得格外浪漫。忙碌之餘，就在這裡休息，滴答愉快的午後光陰；下班的客人在此品嚐輕食、享受氣氛。小許希望所有朋友都能如此愜意、心情開朗。

這家派店實現了不少朋友的願夢，例如營造求婚驚喜的場合，平安夜交換禮物的派對，歐洲足球賽室內觀看包場地點，讓大家放鬆地享受不一樣的率性任真。

小許飛國際線那些年，在國外餐館看見很多客人自在快活，靜靜地享受午茶時光；具城市特色的文藝收藏品與寫實細膩的照片，圍繞整個店廳。她憧憬自己的店，也能用這般高方位品質服務顧客。

她一直想開店——一家可以讓客人好好休息的店，一家充滿雅緻調性的店。現在的小許，美夢已成真。

## 勇於邁步，成就心中夢田

憑藉一股追尋願景的心情，她由空姐轉換跑道，毫不遲疑地邁入了美食界，還意外地與塔羅牌結緣，勾起鮮活的人文呼吸聲。原來，一邊工作、一邊獲得成就感的美妙生活，其實只在你我的一念之間，便可化為真實。

笑容燦爛的小許，讓店務蒸蒸日上。

卡通動畫公仔隨處可見，增飾派店裡的歡樂笑語。

世界各地的明信片，在店內傳遞迷人的韻味風情。

臺北市南港區

# 姊妹花與工業風餐廳的互襯

兩位隨和美麗的可人兒，大膽踏入創業領域，雖然各有執著與要求，不變的是對獨特、不受拘束氛圍的期待。粗曠細膩交疊錯落的裝潢格局，正好與美女店員成為反差，襯托出不凡的店貌。

「喂，請問這裡是PUSH ONE嗎？麻煩請接店長，謝謝。」

「店長？可是『牠』……不太方便說話耶。」

「那他什麼時候有空？」

「嗯……這實在說不上來……」

PUSH ONE是一家很有經營「個性」的餐飲店，若沒親自走一遭，我絕對無從想像，所謂的「店長」原來是一隻名叫普卡（PUKA）的巧克力貴賓犬。至於店員，則是姊姊（苓瑩）和小浦（苓雯）二人；她們的父母，職稱叫做「小幫手」。這一番饒富趣味、別出心裁的編制稱呼，令人莞爾。沒錯，這家店裡面沒有人叫做「老闆」。

工業風的裝潢格局粗曠突兀，反襯出不凡的店貌特點。熱餐甜飲，自在消磨，時間停滯般的輕鬆寫意。兩位隨和美麗的姊妹花，讓店裡的話語氣氛，漾溢著笑意、得體、得人緣的舒適驚嘆號。以重節奏的音樂為襯，我找個倚牆的木箱座位坐下。

姊姊表示，工業風擺放木製桌椅，注入另類鋪陳，調和用餐的氛圍，避免純金屬給人太過冷調、硬梆梆的感覺。為節省預算，又想體驗工人的辛勞，餐飲木質的工作檯，是姊妹倆合力親手釘鑽完成，一份小小的成就感油然而生。

仰望高掛的大大時鐘，金屬氧化鏽味十足，給人昔舊的時光感受。各類器物打造的鋼材設備，著實粗曠可見一斑。在餐廳中融入工業元素，可真是前衛的營業風潮啊！看似真實的牆面，究竟是什麼？我摸不懂也猜不著，姊姊微笑著公布答案。原來，壁牆底面實際上是水泥牆，外頭再加貼一層相同色系的「壁布」，以假亂真，讓人有種被戲謔的詼諧感，憑添不少幽默氣氛。

水籠頭、輸運鋼管、鏈條、鋁桶、油漆刷、水栓、齒輪、罩燈，器具三五成群的擺設，工匠風貌比比皆是，散發在我目光所及的每一處角落。姊姊說，自己之前開的服飾店，受到外國裝潢店的一股啟發，走的就是工業風元素，涵括許多匠務的陳列品。

依循勇於追夢的性格，她們發想將店貌區隔彰顯。前半部以粗獷、大線條、金屬風打造，偏重冷色系空間；後段則搭配文化裝置，圖裱掛牆、立體書架，走的是細膩風格，屬於暖色藝術氣息。兩種視覺溫感，交融在虛擬的工業廠區，頗具互尬的趣意。

## 姊妹磨合，培養持店好默契

小浦說，她與姊姊的星座命盤裡，都有天蠍座跟天秤座，彼此在工作上有一定的執著和要求。一旦這些執著點有些微程度的不同，在意見與想法上就會產生分歧。

尚未開張，姊妹倆就先為裝潢吵翻天。姊姊有追求完美的矜持，一再講究細部陳設規劃，但小浦比較隨性，看重店貌整體的協調，不需過度修飾。兩造對開支預算的爭執和拉扯，一場音波激盪下來，最後只能選擇用「開辯論會」的方式定奪。

姊妹取得共識的方式，往往都是以理說服對方。當有隔閡磨擦時，透過小幫手（父母）加入討論，以彼此可以接受的修正方向，作出最後決定。

看到她們穿著打扮顯現相似風格，我好奇地問：「妳們是雙胞胎姊妹嗎？」

小浦說：「很多熟人聽到我們的對話模式，都猜想我們應該是雙胞胎，因為肢體動作和接話的語氣，實在太像了。其實我們差兩歲耶！」

「是時間的磨合，彼此認同經營理念，自然產生的默契吧！」姊姊接著表示。

先前姊姊開了十年的服飾店，如今轉換跑道與妹妹開「PUSH ONE」，我聽來是超級不搭嘎。姊姊深知兩種行業南轅北轍，壓根沾不著邊，但為了發展自己的第二興趣，她開始琢磨小吃餐飲的工作內容，與小浦有了創業的憧憬。

姊姊說：「開店前兩個月，我才經由裝潢事宜，和妹妹接觸、討論開店的事。但直到營業前三天，我才開始學習烹飪這門領域。」

什麼，只有短短的三天見習？乍聽之下，我感到不可思議。姊妹倆的「合作之路」，竟是如此有趣，或者該說是她們很能甘苦與共，膽大心細地接下挑戰，連爽朗隨興的個性，都這麼有默契。

不過，姊姊毋須擔心，因為小浦有十年的餐飲經歷，料裡食材駕輕就熟，開店初期可以獨當一面。就這樣，姊妹倆同心協力，將這家餐飲店推向穩定的營運軌道。

## 拉花高手提攜同好

小浦從一開始對咖啡領域的一無所知，到後來獲得二〇一四WCE世界盃拉花大賽臺灣選拔賽亞軍，如今又開了咖啡飲食店。在姊姊與父母的大力支持之下，小浦成就了一家人滿滿的工作喜悅。

小浦以第一名的成績從輔大生命科學系畢業，儘管教授鼓勵她繼續攻讀，但她心中早有一套人生規劃的目標。在學期間的咖啡廳打工經驗，讓她已有深入鑽研咖啡飲品的憧憬。她一邊學習出餐、食材保存的知識，讓自己具備該有的技能，隨後在咖啡專營門市精進潛學，累積造就她在餐飲領域的專業背景。

用義式咖啡機沖調，小浦駕輕就熟的拉花技巧，增添客人美好的用餐心情。她行事低調，不宣揚自己的高竿功力，以平常心做好每一出餐的步驟。除了擔任各項拉花賽事的評審工作，她也一併在店裡教學咖啡實務，或和其他的店家合作當講師，不斷地充實自我，與有興趣的同好開啟研究之窗。

不希望聽見客人用餐後的反應是「味道和別處雷同」的話語，小浦堅持自己調製醬料沙拉，建立風味獨特的口碑。午餐時間，上班族喜歡來此享受好味道，小浦和姊姊已然是在地的美食二人組了。

## 勾勒自我路線的隨性氛圍

姊妹兩人希望這家店的主軸，是不受拘束的氛圍，還有特異獨行的經營方式。給客人自主空間，來店消費就能感受一種獨特性；餐具自取、開水自倒，客人愛坐多久就坐多久，不限制用餐時間，一切隨性自在。呼應客人的建議，店裡的早午餐改為全天候供應，讓帕尼尼三明治、堅果布朗尼、沙拉、茶飲、歐蕾的迷人滋味，延長至晚間。

顛覆傳統，店內屏除「老闆」的觀念，也沒有這個職稱，店員與顧客是建立在對等的朋友關係上。此外，店裡也不會有顧客至上的單一定律。但小浦強調，並不是要對客人不禮貌，先決的理念是主客間必須相互尊重、親切以待。她們希望收支穩定之後，也能加入新的店員，但依舊秉持工作對等，把對方當成朋友，彼此不要有距離感。

姊妹倆說回客率非常高，表示餐飲的風格與品質，已被多數的顧客肯定。哪位先生天天來喝咖啡，哪些熟客會點固定餐組、大概何時到店，都有一套固定模式了。這樣小本營業的規模和客人反應，正是本著初衷期待，與她們嚮往的遠景相符合。

小浦認為：「不用賺大錢，穩穩地做就好，不要讓情緒處在緊繃的狀態。這項行業錢賺得不多，而且很累，但對現在的生活方式，我心中是感到滿意與踏實的。」

這正是本店不開在鬧區，而座落在街旁巷弄的一大原因——有個性啊！不想只被定位成一家咖啡店，而是要讓顧客同時感覺，餐點好吃，咖啡好喝，用餐環境自在融洽，這才是姊妹倆內心最大的企盼。

每天上午，姊妹倆會共騎機車，抱著店長普卡來開門，晚間又一同騎車回家。三個好夥伴，已經培養出一套規律的生活作息，把店經營的有聲（犬吠）有色（工業風特色），獨樹一幟，叫人留下深刻印象。

當店員或小幫手都在忙碌時，普卡則是悠閒的在桌下打盹，或是漫步到座椅旁「瞧瞧」客人，一副無辜模樣倒也逗趣。只要有人上門，店長就會大吠兩聲，衝向門口，這是牠習以為常的迎客方式，另類的「歡迎光臨」讓人莞爾。

PUSH ONE詮釋了一股源源不絕的推動力，姊姊與小浦自我策勵，努力成為有特色、首屈一指的好店家。想放鬆心情、分享好事的朋友們，找個時間過來看看吧！

## 攜手圓夢的姊妹情緣

曾有一位木訥男孩，想在店裡向女友求婚，卻單純的只知道準備戒指。姊妹倆得知消息，幫忙出點子、從旁給主意，終於讓男孩順利達成美滿的結局。這種幸福的魔力、融洽的氣氛，正是她們攜手開店時嚮往的遠景。

姐妹花雖各有堅持，生活上還是有著好默契。

我才是真正的店長啦！

一杯卡布奇諾，配上一塊綜合堅果布朗尼，無比享受。

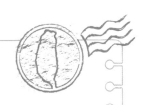

臺北市中正區

# 七年級生美食創藝圓夢

她帶著自信笑顏，以流利的英文應對招呼來店的每位顧客，端出老外都讚不絕口的異國美食。那張笑臉如此自在閒定，一位大女孩如是開啟七年級生的美好夢境，萌著青春不留白的希望枝椏。

一間小巧店面在捷運出口的街道旁坐落，吸引「老外」時而聚集點餐。我滿是好奇地前往細探，讓味蕾立刻接受一個前所未有的新嘗試。

門面設計落落大方，白底紅字的店名招牌「NALA'S Mexican Food」醒目亮眼，菜單與飲品的種類井然標示。清晰流暢的字體寫著，主食有手撕豬肉、手撕牛肉、烤雞胸、蔬菜，任君選擇。搭配香料飯、燉花豆、燉黑豆、起司、蘿美生菜等豐盛餡料，淋上酸奶與檸檬汁調製的「莎莎醬」，以餅皮扎實包覆。

我大口咬下，吃來很有豐富層次滋味的墨西哥捲（Burrito），就這麼連結了我和異國食物料理的緣分。

跟店長交談，原來長相甜美，有雙明眸大眼，笑容可掬的靜怡（Nala），喜愛自己動手做料理與甜點；除了是興趣，也是交流美食資訊，認識朋友的一個好管道。她創業開店短短六個月以來，這間異國小吃除了擄獲許多外國朋友的胃，也日漸被臺灣民眾接受、熟悉。

一個充滿務實理想的都市女子，很有志氣地建立了臺北都會區的美食新據點，打開食物文化的多元交流平臺。

## 圓夢空間小而亮麗

大學唸戲劇系的靜怡，出社會後走向另一個揮灑舞臺，很有主見地擘畫自己的廚藝天地。縱然鄰旁也有其他同樣精心布置店招的營業店家，但過往的人們，目光還是很容易被她的小店所吸引，停下腳步端倪，品嚐這裡推出的美食。

僅僅三坪大的工作空間，卻是個創業的好所在。店址位於捷運中正紀念堂站四號出口旁，交通便利發達，是外國遊客不時往來經過的觀光路線。許多在附近學校上課的外籍學生與教師，都是店裡來去的常客。

「妳原先設定開甜點咖啡店，為何到最後轉而賣起墨西哥捲小吃？」我問。

「其實我根本沒有想太多耶，就是自己的志向所在吧。畢竟，甜點和咖啡的市場漸趨飽和，況且我也喜歡嘗試做外國美食，一直受到朋友的支持。這裡四周湧現的人潮商機，是我看重的發展優勢。」

靜怡說，當初她選擇開店地點時，五天內就決定在此圓夢。考量附近商圈林立，捷運高運量路線交匯，鄰近有學校座落，一旁又有民眾休閒運動中心，勢必吸引大批人潮聚集。

有了理想，就不必怕孤單，因為妹妹與表妹是靜怡最親密的得力助手。營業時間前半段，她們倆其中一人會前來幫忙顧店；後半時段，則輪由靜怡接手。久而久之，三個人因這間小店而凝聚的感情，更緊密地繫在一起。

這裡只設有兩個小小雅座，直接面對工作餐檯。每當大人牽著小孩前來買餐，總會對眼前這位大姐姐神采奕奕，手腳俐落的動作好奇盯瞧。

「媽媽，姐姐是在做什麼食物啊？」

「她正在做好吃的墨西哥捲呀。」

小朋友多半不會乖乖站著等，總會坐上其中一張椅子，眼睛一直盯著那雙巧手，好似靜怡姐姐正在變一場魔幻美食秀，以熟練的動作包捲、沖調咖啡拉花，叫小朋友看得目不轉睛。大人也往往跟著好奇探問，對靜怡的美食才藝讚譽有加。

## 勤奮精學創造好口碑

靜怡具備紮實的甜點製作廚藝，靠的全然是平日有心自學和研究的執著熱誠，常常上網查資料，或參考原文食譜的精華食材。

靜怡在求學時期，曾經遠赴澳洲打工。看見在地林立的咖啡餐飲店，光彩奪目的優雅陳設，憧憬著自己回臺有一天，也能開一家綻放希望的咖啡甜點店。畢業後，她短暫在義式餐廳擔任甜點主廚，直到外國友人給予建議，開創了她美墨料理店的夢想。

朋友當時說，要在臺北找間符合墨西哥小吃風味的店家，還真是不容易。這段不

經意的對話，卻讓靜怡興起轉開異國小吃店的念頭。看準異國美食興起的商業脈動正在臺灣成長，盈收的利潤比起賣咖啡、飲品、甜點更有明顯差距，她於是轉戰墨西哥捲專賣店，輔以各式限量的自製餅乾點心，讓整個店散發她源源不絕的年輕動力。

她謙虛聽取來捧場的朋友的建議，適時在食材搭配上調整和精進，進而受到人們的青睞。標榜健康美味的訴求，因此所用的食材與醬料，來源成分都是她嚴格把關，良心道德自製。

標榜健康的基本訴求，兼具減肥、天然食材、低卡、不甜膩不死鹹的專業做法，總能獲取多數粉絲和民眾的支持。靜怡與市面上的咖啡店家合作，讓她的甜點製品有活絡而固定的銷路。她並不期待門庭若市，唯恐操勞身心至難以承受的程度，能維持一定的基本客源就已滿足。

靜怡常受邀主持網路美食節目、訪問營養師，以攝取食材所含的內容物，分析對身體益處和壞處的精闢觀點，指導民眾吃出健康。言談之間，沈浸在美食世界裡，揮灑最愛的人生志趣，是她循序的理想目標。

社群網路上的「小無限」部落格，是她和粉絲朋友交換心得的管道。我上網瀏覽，每一頁製作甜點，皆蘊涵認真的態度；一展身手，就有模樣逗趣、造型可愛的成品出現，令人稱許。舉凡水果派、精緻蛋糕、餅乾等各式點心，都會不定時的推出研究步驟和製作心得，提供寶貴的相關資訊給有興趣的朋友。

一旦有美食同業上網號召做公益，她往往也是二話不說地共襄盛舉，與三兩好友相偕，把親手做的甜點贈送給弱勢團體。給予他們所需要的溫暖，自己因而得到了另一種肯定自我的聲音，那樣的快樂感對靜怡而言，是彌足珍貴的。

## 從表演到做美食，皆是畢生最愛

身材纖細頎長的靜怡，求學時為了賺取學費，曾經當過三年的打工模特兒。但她並不因燈光舞臺的炫麗而自滿，反倒考量以她最愛、也最有興趣的戲劇表演與美食當作志向，轉型當廚師，作為人生的長遠規劃。

她畢業於國立臺灣藝術大學戲劇系，有舞臺劇展演的天分和資稟。她強調，若有空閒，只要能與同好重溫表演過程所得到的歡樂，那也是所嚮往的一種生活方式。

由伸展舞臺，到美墨料理店廚師的角色，芳齡才二十六歲的靜怡，讓人期待她的錦繡前程。

每日，她以嫻熟的手法，不到一分鐘的時間，就能包好一個分量十足的墨西哥捲。嚐過這等好滋味，老外紛紛豎起大拇指，稱讚這位大女孩的精湛手藝。甚至有人評述，這道美食裡頭，同時融合了臺灣味與外國小吃的精髓，令人印象深刻。

有口皆碑，口耳相傳，店裡的生意越來越好，連臺灣民眾也成為穩定的顧客群，支持美味文化。過去遭遇的不順遂小挫折，如今都化作她餐檯上的快樂動力了。

「妳會不會考慮更換大一點的店面？」

她明快地回答我的疑問。靜怡說，目前只想把三坪大的店面好好經營，不想再擴增空間。小店的狹窄，反而拉進她與顧客的親切距離。

滿意現有的工作成就感，大女孩的敬業精神，伴隨往來人潮繼續逐夢，一步步奔向希望的彼端。

# 老外饕客讚譽的墨西哥美食

上菜囉！墨西哥豬肉捲，附加鹹焦糖拿鐵，道地的異國風格美食，搭配美味可口的自製點心。七年級生不畏前途難測，勇敢踏上創業尋夢之旅，不只擄獲外國朋友的胃，也日漸被臺灣民眾接受，打開食物文化的多元交流跨國平臺。

靜怡聚精會神地拉花，功夫了得。

外國顧客慕名而來，上門點餐。

表妹是得力助手，共創年輕世代的盈盈業績。

桃園市楊梅區

# 遇見冰菓室裡的麗緻彩妝

這裡原是一家小間米店，後來改做賣冰。走過平凡的樸實無華，如今在她的創意揮灑之下，轉為一間富麗的冰果室，恰如一隻欣然蛻變的成熟舞蝶，翩翩飛入另一個繁複多彩的時空。

夏季烈日中晃走富岡街頭，我走入轉角冰果室消暑歇息。瞧著櫥窗裡那一盤盤繽紛色系的剉冰配料，令人食指大動地吞嚥口水。轉眼瞬間，我按捺不住驚呼，因為店裡牆面竟佈置了優美高雅的手工藝品。

吃冰消暑，又有美術創作可供觀賞。當下的我，自然覺得這種偶遇，是再美好不過的幸福享受了。

人群散坐在仲夏夜的屋子裡，通明燈火未曾闌珊，照亮店主美華姐那雙如常地編織不凡藝作的巧手。風乾的花瓣、果實、樹皮草葉，一片片列隊整裝，表現得典雅麗質，在裝置的藝技舞台娉婷婀娜，演出一場花姿與招展。

冰店已開業近四十年，體恤婆婆年事已高，不捨她的身體勞累微恙，美華姐便辭去原先在服飾界創業有成的工作，全心傳承家業賣冰。

接手打裡店務八年來，憑藉求學時期累積扎實的美工設計理念，營業店面一向注重的舒適空間感，美華姐想著老冰店若能與時俱進，加入文藝素材的美化裝飾，勢必能吸引更多新顧客上門。

她的這番經營理想，不但得到家人大力支持，有深厚國畫、水彩畫、模型塑造等美學才藝的朋友，也紛紛進駐店內相助。在「吃冰賞畫，風雅一夏」的展出活動禮讚加持下，開啟冰果室假日顧客每每滿座的新契機。

## 懷舊不忘加持創新藝息

我坐下點了芒果冰暢飲，繼續向美華姐探問冰店由來的故事。實情並非如我想像，因為冰果室不需大番整修裝潢；美華姐要塑造的飲冰環境，是著重融合老主顧昔日的吃冰記憶，也要注入新穎的美覺觀感，兩者間差距不能太突兀，否則就搶去了老店原有的質樸觀感。

所以，木造結構的拉動式設計窗門、木質舊式桌椅都刻意保留下來，蘊含的古樸風味，搭賞牆上優雅格調的押花創作品，遂有時夏沁涼吃冰，又兼造訪美術館的想像氣息。

她對我說，塑造「藝術下鄉」的遠景，是她內心裡的初衷期盼。冰店的工作時數長，所以要把冰果室的愉悅與舒適感自然表露出來，於是乎，冰果室煥然一新的風貌，留佇了已往習慣外帶、來去匆忙的顧客腳步，願意在店裡沉浸裝置藝術的美喜感受。

美華姐心懷美化環境理念，讓冰果室昇華為吃冰兼學藝的一處創意空間，典雅地座落在純樸的楊梅富岡里街頭。她的手作創意雖是靜態呈現，卻有著充滿活力的躍動細胞，因而引人矚目。吃冰時湧上心懷的，是一幕滿滿的回憶感。客人的閒話絮語，遇上了詩琴書畫的活絡品味，並未產生任何的違和感，反而是翩然心怡，讓我享受起冰屋散發的細膩韻味，栩栩如生的芳澤滌人胸懷。

變電箱披上花布彩裝，頓時年輕了起來。連店家名片也印上「承蒙您」字樣，道出溫馨的客語謝謝之意，顯見好禮的客家風情。天花板以花布綴飾，並運用巧思排列成一個井字，呼應著當地舊名「大井頭」的沿革，增添趣味性。兩只旋轉的風扇，搭配著藍紅紫白的花圖，交融出清閒氣息。

採光明亮的店鋪門面，望外是富岡中正街道，冰品配料櫥窗、刨冰機與老式收銀機連成一線，我稱之為冰果室的自主動線，每個人隨興的調配出心中的夢幻冰組。屋內一隅的四片花布如瀑布般垂降而下，襯托著一台高雅鋼琴。冰品種類與價目告示，井然有序的豎立旁側，並用剪紙與繽紛花布作為色底，讓金額數字活潑化，增色美感。

## 藝術花牆，環保典雅風尚

另一側的牆上，佈置了美華姐與學生們的作品，供顧客們欣賞交流，儼然是冰果室的靈魂之牆。她是這麼說的：「美工的第一堂課，責任是美化環境。」

愛護生活的這片土地，為減少採用人工製材對環保的衝擊，她矜持地以鮮活的波斯菊、玫瑰花、繡球花等各類花瓣為材，附加棉花、樹皮、山蘇與草葉，搭配日常的紙張和回收物，編織出唯美豔彩、雅俗共賞的押花佳作。

蒐集自然界的木頭與鵝卵石，上頭浮現著蝶谷巴特工法的清明秀麗，生動了木頭石塊原本的單調刻板，增添觀賞價值。此外，她還利用再生紙，寫上一手飄逸書法，妙筆生花道出耐人尋味的意境。

學員下班後，來店裡精進才藝，美華姐以一對一的方式傾囊相授。民眾一邊在旁吃冰，一邊跟著沈浸雅人雅事的親和魅力。在地從事特殊教育的老師，也盛讚冰果室花牆之美，為學童們辦了場生動的校外教學。美華姐免費請他們吃冰、看藝，這群孩子也勤奮手足之勞，洗滌自己用過的餐碗，寓教於樂的活絡氣息，圍繞整間屋子。

老架構的舊屋舍，在加入珍貴藝術元素之後，不時奔放出夏豔裡的沁涼暢快。至此，我便親切地稱呼她為美華老師了。才華熠熠的她，讓這家平凡的冰果室散發著光采，懷抱無窮的願景。

## 歐吉桑即興演奏，讚聲滿屋

曾經，所有人飲冰揮扇的一刻，一位年約四、五十歲，全身穿著勞苦奔波工作服，腳踏雨鞋的歐吉桑走進店內。他目光一轉，凝視位於屋內一隅、亮彩黑晶的醒目鋼琴，那是美華老師買給女兒的禮物。

「可以彈嗎？」歐吉桑若有所思，喜形於色地走向鋼琴。

眾人還來不及反應，音符旋即緩緩地曼妙悠揚，天花板上的涼扇應和伴舞，轉啊繞地，頓時迷醉了在屋裡的每一顆放鬆的心。豔夏午後，耳中傾聽琴聲，口內冰甜融化，是一樁多麼滿足雀躍的樂事。

顛覆冰果室的奇人異士，還有一位捲曲長髮及肩的中年男。美華老師說，她極有印象當天男子吃冰時的粗曠神情，他埋首囫圇而吞，自然無法讓人與稍後的優雅琴韻有進一步的連結。然而這架鋼琴有如能號召神力似的，在男子一雙巧手化育下，清亮婉轉地應景演出。那天午後，又是一屋子驚喜滿載的歡聲雷動。

我問美華老師，冰果室的別致造景催化音樂，眾裡尋他，下個隨興而發的演奏家，她猜想會是什麼模樣的高手？她笑應，那是高難度的答案。

## 創作與修行，同是一條路

美華老師為熱愛的藝術品執著投入。她曾經在遭遇瓶頸時徘徊思索：竭力的背後總是有兩種聲音，是該秉持既有的模式？或是要換新創作當另一個自己？這一切走過的路，是否非得做得如此辛苦，我所尋為何？

某次一個人的輕旅行，恰巧給了她細膩且深刻的體悟。

站在臺南奇美博物館前，她已被磅礴建築的唯美外在深深震撼。走進館內，看見「羅丹工作室」這幾個字的凝聚力，陳列幾世紀已來的精美雕刻品，霎時讓她悸動——自己追尋的夢田，不就是眼前這般非凡的價值？無名的作者，夢想幾經淬煉而偉大，關鍵在於適時修行的那般悟道。至此，已往若干的內心糾結，轉眼已成領悟的良方了。

往後的創作，她滿滿信心，也毅然考取在職進修碩士班，將自我的才藝研究領域再向下扎根修練。

「創作與修行，是同一條路上的伙伴。」美華老師語氣堅定地向我訴說。徹悟了然，這是內心最為強烈的觸感。

雙手加持的美作，繽紛纖麗地表露自我；安適的飲冰、賞藝氛圍沁人心脾，視覺附加味覺的饗宴，何等幸福。美哉冰屋，坐擁讚頌，我盡享一份滌淨心靈的環境薰陶。

花若芬芳，蝴蝶自來。當刻啟發我的，是美華老師油然而生，那份溫文儒雅的處世氣度與自在。

## 老店新生增色美感

一間開業近四十載的賣冰老店，受藝術下鄉的願景加持，由一幅幅美麗的作品開始實現。不必大刀闊斧的改建裝修，也能重拾店鋪的新生活力。自然生動的文藝創作空間，豐富冰果室的多元漾彩。老架構的舊屋舍，在加入珍貴藝術元素之後，不時奔放出夏豔裡的沁涼暢快。

冰品沁涼入口，還有藝術作品加持，有吃有得瞧。

消暑冰品，充滿夏豔的色彩。

花布魅力，似如彩蝶停歇，留佇嫵媚的姿態。

新竹縣尖石鄉

# 梅嘎浪部落食后的創意原味

望卻梅嘎浪部落，悠閒慢食的冉冉炊煙，總在山高林密間裊裊飄逸。大清早下過雨的農園，讓披水珠袍的菜兒，滿身晶瑩剔透，無比鮮活。雖然氣溫驟降了些，但巧合地構成一幅山嵐縹緲、迷離虛幻的詩意景象，呈現原始而自然的美。

蔡馥薇（拉娃．吉娃斯）與媽媽（古屏生；馬賴．吉娃斯）、表弟（古永慶；iban-yawi）三人，正在採收以天然法栽培、不施藥肥的青綠菜葉。一畝阡陌背景，伴隨親密笑語一串，山中歲月的愜意無爭，須臾間，已是滿籃子的豐收成果。

我在一旁觀望，見學山中生活，方才知曉這「第一手」鮮採的葉菜，主要是供應餐廳的食材，飽收土壤涵蓋精華，道出一份「原味十足、土生土長」的契合感。我開始期待，品嚐那份初始的清新。

母女倆加上阿姨與表弟，四人把「山清休閒農園」餐廳經營得可圈可點，假日忙來很有效率。道地的泰雅族風味美食料理，縷縷炊煙，散溢著梅嘎浪部落（梅花部落）

天然食材的清香，遠道而來的客人往往吃得津津樂道，開胃爽口極了。

馥薇的媽媽烹調精湛，廚藝爐火純青，將料理美食當成興趣和事業。二〇〇七年的國際美食評鑑大賽，她更榮獲冷盤與熱菜點心金牌獎。在族人眼裡，她聲名大噪，被視為了不起的「泰雅族食后」。

但她沒有因得獎自滿停歇，她聽從內心鼓舞、吶喊的聲浪，用更熱烈主動的學習態度，不斷與人交流廚藝豐富內涵。這一份更上層樓的積極躍進心，令人欽佩。

我不禁覺得，自己帶著歡喜的心情，風塵僕僕地從城市來此境地，吃一頓山裡食材的精萃可口，品味食后的手藝，這一趟的確是不虛此行。

## 山中蘊生的可口原味

烤豬肉、溪蝦、滷桂竹筍、小米粽、斑鳩、馬奧清蒸鱸魚、麻油山豬肉、涼拌高麗菜、馬奧蘿蔔雞湯、小米飯、南瓜芋頭糕……今日豐盛的菜單，讓我早已垂涎三尺。但下次能否遇上同樣豐盛的食材饗宴？我猜，恐怕沒有任何「食材或然率公式」可以算得準吧！

媽媽表示：「在山上用餐，春夏秋冬的食材和配料方式均有差異。當客人預約吃飯，若有野菜，我就準備涼拌處理；沒有，就煮一般的家常蔬菜。夏天不時有溪產，朋友就會『搶鮮』送達，增加合菜的多樣性變化。」

我咬嚼一粒山胡椒，味道好特別！它叫馬奧，也是馬告，因各原住民族群母語發音的差別，而有不同說法。山胡椒有股檸檬般的清香，卻又具備像是混合生薑辣味的多感層次，讓我頗好奇。

此外，俗稱鳥不踏的刺蔥，學名叫做茱萸，媽媽做菜往往少不了它。聽見這個別名，我暗自揣摩畫面，想必是有刺的植物，所以鳥兒不會接近吧？

「山胡椒和刺蔥，是我們族人飲食非常倚賴的香料。我常用洋蔥、甘草加山胡椒，來提升湯頭的甜味。每年六月時節，家家戶戶，剝揀採來的山胡椒，是部落一副特別的景象喔！」

她從小便和父親研究在地食物，長大則看烹飪節目自我精進，非常珍惜食物的取得過程，花了許多功夫提升食材價值。她的廚藝從基礎扎根，初期只用鹽，強調單純原始的食材風味，隨後再融入自己的調方心得。結合煎煮炒炸變化，許多飲食文化的故事淵源，就這麼由生活裡逐一浮現。

媽媽曾在梅花國小擔任十餘年的廚工，退休後繼續在部落協會教烹飪技巧，也上學校課程充實理論，讓自己在美食知識領域與時俱進。

口直爽快而隨興，但又兼具心思細膩的一面，凡事都會長遠地考量下一步，這就是她。

「餐廳開張十年來，我逐步推廣養生清淡的烹調作法。時代在改變，我沒有刻意標榜羶肉（傳統肉食）野味。來山上，就吃山上現有、現種的東西，外地人總會有興趣品嚐許多不一樣的滋味。」媽媽有感而發地說。

這家餐廳沒有大剌剌的招牌，設備也不高級；食材非大宗供應，因此不需要大肆擴張。一切講求隨緣，人客喜歡就來；既然貨源日日不同，自然沒有固定菜色與菜

單，也吃不到任何高檔的大魚大肉。但端上桌的餐點，絕對是新鮮現做，毋庸置疑。

## 見習媽媽巧藝，母女傳承自我磨練

原先馥薇嚮往美髮領域，但國三那年，她在技藝訓練課程選擇了餐飲項目，進而培養出心得。自此，一路高中、大學、研究所走來，她均以餐旅相關科系為志向。馥薇目前仍在中華科大觀光餐旅研究所就學，她一邊辛勤打工，假日也幫忙媽媽出菜、招呼顧客。媽媽鼓勵她多研習餐飲知識，但也尊重年輕人自己的想法，無論學什麼技能，踏實認真的心意最重要。

馥薇與表弟一起經營下午茶餐點，靈巧的雙手烘焙可口的馬奧餅乾、酥餅等點心，再熱上一壺以馬奧、枸杞熬煮的養生茶。吃餅配茶，兩番風味浸融在嘴裡，頓時讓我甘滋潤喉舒暢食道，享有山林飲品獨特的淡郁香氣。

小火鍋裡頭食材滿滿，大白菜、高麗菜、金針菇、紅蘿蔔、白蘿蔔、青椒、玉米，熬出湯汁的清甜。平日透過食譜鑽研、嘗試，又有心學習媽媽的本領，馥薇的下午茶時間，已邁出成功穩健的一步，獲得客人的肯定讚賞。

若來對季節，梅花部落有滿坡盛開梅花的美麗景致，叫人佇足。醃梅子入菜，已是料理慣見的作法，很多遊客衝著這股風味而來，為的是「有吃又有賞」呢！

除了美食外，餐廳的工作服也是一大特色。線條顯露美感的工作服，是馥薇妹妹的創新設計，並戴上布織的頭飾帽加以襯托。享受美食之際，感染原住民文化的亮麗風采，讚頌詩詞中的原鄉意境，這樣一股渾然天成的風格，我在山上深刻感覺到了。

## 滿室生香的特色竹屋

下午茶用餐的竹屋，是由馥薇的舅舅和外公共同搭設。挑高二樓的設計，擺上手工精製的竹桌和竹椅，彷彿還嗅得到那股青竹的淡淡芬芳，與溫熱的食材一起飄散「原香」。

梅花國小學生留佇的可愛動物彩繪，還栩栩如生地在牆邊告白童年。無藩籬的半開放格局通風流暢，一邊享用輕食，一邊望著園區無汙染的清澈水塘，迴清倒影，花香鳥語，翠綠山巒環抱，好是舒暢不過。

牆上貼心附注生動的標語，滿載讚頌這片大地恩澤的深遠意味。

「打開用芭蕉葉裹覆的小米粽，陣陣蕉葉的清香，撲鼻而來。」

「小米是原住民重要的農作物，咀嚼米香，不禁憶起小時候種小米，那一段段趕麻雀、又氣又好笑的回憶往事。」

原鄉真情的告白，總讓我視線轉個不停。

山中的下午茶，果然教人細細品味，因而盡興。

望卻梅嘎浪部落，悠閒慢食的冉冉炊煙，總在山高林密間，時而飄逸。

# 自然原味的部落美食

隨興經營的休閒農園，求的不是大富大貴，而是要帶人走一遭原味爭鮮的飲食饗宴。來山上，就吃山上現有、現種的東西；沒有固定菜單，隨著自然節氣、人情緣份，端出一道道唇齒留香的佳餚。泰雅族食后的巧思，等待有緣人來感受。

水塘竹屋，話題山居的自在寫意。

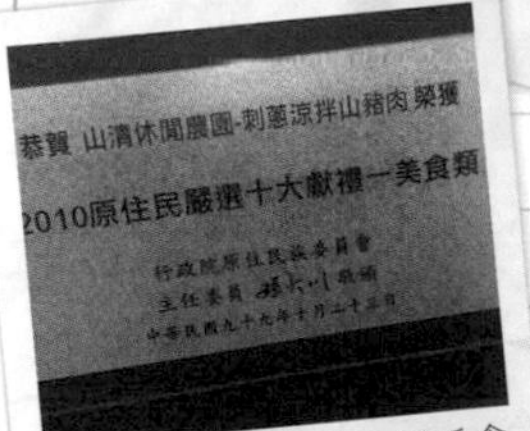



榮獲美食獎項肯定，媽媽食后的地位站得穩。

摻入馬奧顆粒，專心製作甜點。

苗栗縣苗栗市

# 追尋純粹真實的美食天堂

其他業者或許都「聰明」地使用種種添加物，去裝飾美化、混合風味，增添食品的誘人價值。但她低調而謙虛的傻性子，無論如何，就是要遵循「真實的味道」，做出忠於原味的健康美食。

「除去過多的裝飾，找回真實的味道。」
「食材用得越真實，散發的味道就越純粹。」
「我以販售健康食品為努力的目標，但還是要做出好吃的東西，讓客人有幸福的感覺，才是我心裡的想法願望。」

一間小店的老闆娘，秉持默默把關食安的初衷，以婉轉而堅定的嗓音，述說如此清晰的理念。

氣質甜美的女孩婕荷（Jeher），旅美西雅圖求學時，喜歡去咖啡廳，享用講究手工、遠離各種添加物的甜點飲品。即便外觀不誘人，但忠於食材本質的烹調方式，流露自然的韻味，令她留下非常深刻的印象。

回到生長的故鄉苗栗市之後，婕荷常陪伴爺爺跑醫院看診。一袋一袋的藥包，讓她感觸極深。原來，平日就必須注重一切的飲食健康，好好照護身體。她決定開一間充滿健康意念的麵包簡餐坊，期望提供親友、顧客們一個不一樣的美食天堂。

嶄新店貌的盈盈生機，牽繫地方人物的情感脈絡，婕荷正悄悄地地交織一段又一段奇妙的緣分，和大家一同發現食物的純粹，品味真實的感覺。

## 忠於原味良心上架，傻勁令人折服

創業開麵包簡餐坊，是對自己的良心負責。一貫的矜持，嚴謹的食安訴求，婕荷面對每一位顧客的服務熱誠，始終童叟無欺，從開門營業到打烊休息，並無二致。

她的味覺非常敏銳，只要在外頭吃到人工添加物的食飲，就會身體微恙，甚至要花好一段時間，才能再將初衷的味覺調整回來。顧客與家人一致認為她不假裝飾，忠實於食材的本質。

「不用添加物與改良劑，保有食物的真原味。」找不到能配合這樣理念的麵包師傅，於是婕荷殷勤地上網查食譜，買來高檔價位的食材，仔細檢視每一項原料的標籤內容，摸索學習製作麵包。

我頗感訝異，原來店裡讓美食增添口感的巧克力醬、青醬、焦糖醬等，都是她親手熬煮而來，並非購買現成的產品。

「做的過程，比想像中辛苦太多。」儘管耗時，費工也費力，堅持手做麵包、糕點，就是婕荷的一貫性格所在。

我自認沒有那般品察的功力，不知過往吃進多少食品添加物。但聽婕荷說，味覺比較敏銳的客人來店用餐過後，再去別處比較，就會發現哪些地方不一樣。

因為保存期限的因素，幾乎不太可能找到純粹健康的食品，所以她決定改變時下現狀，買頂級、安全的材料來烹調。付出的成本往往會左右商品的價格，但買到的卻是無價可取代的身心健康。

「這是一種良善的循環概念。」大學念行銷企劃的婕荷透露，投入餐飲事業的那一刻迄今，她不曾後悔過。

我還在疑惑為什麼店名叫Cafe Silly時，眼神的餘光已讓我注意到牆面的一段註解。「Silly」是比利時地名，但英文字義直譯，是呆呆笨笨的意思。

婕荷自嘲，一開始沒有餐飲經驗，不了解食物經營，她是個門外漢。門外漢勇於去嘗試，找原料、試煉味道、做出美食，她別無所有，只有初衷以來的傻性格，不違背良心。

牆邊大字寫道：「傻傻的Sillie，天然的Coffee。」我明白婕荷之所以謙虛，是因為守著一把食安尺度，本於自我的態度和做事原則。

## 人美心善，以誠經營始終如一

苗栗市區的人情味，似乎沒有適時眷顧婕荷的用心。初期清淡的市場反應，加上用料講究導致成本大增，她一度想將咖啡店轉移至臺北繁華市區。然而父親鼓勵她，把麵包飲品的好味道，優先留給自己生長的故鄉，何不試煉一段時日看看，再決定走向？

不知是否多少牽動離緒的緣故，一名國小男童貼心贈予

的風車貝殼沙瓶紀念品，上頭的「幸福降臨」四個字的祝福，滿滿心意，很希望這家好店繼續存在，陪伴他們一起生活。

不只是空氣分子裡散播的麵包香氣，人情味的奇特發酵力量，終於觸動且鼓舞了婕荷原先疲憊的心坎，讓她決定留下來，繼續為苗栗廣大的朋友服務，做出美味健康的好飲品。

身為一店之主，她比任何人更在乎店格風評，寧可多花些時間對客人解釋，說明其中原委，也不要抵觸了自己的原則，去向反式脂肪、化學添加物、人工香精、泡打粉等物料低頭妥協。

店裡使用多項天然食材，一旦市場物價波動上揚，成本相對會提高，客人絕對會在乎。因此，一旦必須調價，婕荷都會讓顧客知道價格變化的根據為何，讓人明白食物的產製有一定的成本要素，營造善良的產銷循環。這種觀念如果能讓客人接受，便代表彼此的想法已然契合。

多元的客群，每一位都備受婕荷尊重。一直以來，她用誠實的態度，為食安善盡心力，客人也盛讚她是人美、心美的年輕老闆娘。

## 店風「熊」可愛，彷若置身玩偶店

「熊媽」鄭月鳳當全能店長，烹調餐飲輕食；「熊爸」負責研發新口味，備料相關食材；「西里（Sillie）熊」婕荷則專研製作麵包和甜點。一家人分工細膩全心投入，樂在其中，把好味道留在家鄉，讓南苗商圈誕生了獨具風格的咖啡餐飲店。

店內的裝潢，是呈現巴黎風的視覺感，椅子甚至遠渡重洋而來，用餐氣氛輕鬆寫意。原來，為了讓店貌新穎獨特，她和媽媽特地遊覽幾個歐洲國家，參考餐飲店的經營樣式，最後定調巴黎情懷，一派浪漫愜意。

眼尖的客人，一定會發現店裡頭的角落都有「熊出沒」。我疑惑，莫非這是一間兼賣熊玩偶的店？

原來，知道婕荷喜歡熊玩偶，愛抱著熊入睡或者紓壓，有些朋友送來整隻熊，有的拿裝飾物打點趣味；一名高中女孩更在元旦升完旗，將小國旗直接送到店裡的西里熊掌上。整間店有熊的喜感，顧客抱著熊邊聊邊飲，整間屋子充滿溫馨親和的一面。

年輕活潑的元素，讓我感到開朗；童心元素的擺置，兼有舒緩身心的療癒感。

## 溫馨鼓舞，是無比信心的後盾

老麵麵包、貝果、法國長棍、蛋糕甜點、三明治套餐、咖啡、茶、果汁、法布、巧克力、拿鐵，餐飲種類繁多，讓人對架上的品項餐點，無限嚮往。

婕荷希望他們一家人的用心，受到顧客青睞，不只在節日慶典而已。就讀國小和高中的兩位女孩，為咖啡店一周年慶生，平日伴著手機音樂練習，當日歌頌氣氛的一剎那，讓婕荷一家人無比感動與興奮。

「謝謝妳把味覺的美學，健康美味的食物，留在苗栗。」「好吃，提供撫慰心靈的食物。」顧客如此的正面表白，是一股無價的能量，讓婕荷為自身理念堅持下去。

忠於原味的老主顧每日上門，以具體的行動支持，給這位開朗積極的陽光女孩，送上滿聲的喝采與激勵。

我終究折服這一份創業精神。來到苗栗，街上不只有客家菜，更有一家賣著最質樸食物的麵包餐飲店。婕荷，一位女孩，竭誠地自我努力付出，用傻傻的拚勁，注入繁榮地方的一份力量。

## 首重食安的傻勁風味

正是餐飲業的門外漢，才能跳脫既有窠巢，用心尋找食物的真實原味。找不到意氣相投的麵包師傅，她堅持親手製作麵包糕點，去除過多的裝飾，純粹的滋味好吃又洋溢幸福。店如其人，婕荷憑著一份傻勁把關食安，為顧客呈獻健康的美食天堂。

母女同心協力，讓咖啡館顯露不凡的經營風格。

各式忠於原味的高檔糕點，既可口又健康。

店內處處能夠見到可愛的熊玩偶裝飾。

臺中市北區

# 異鄉愛戀下的俄羅斯家常菜

嫁作臺灣媳婦，她親手製作每一道料理，無論對待親人與顧客，都是挹注一樣的細膩心思，希望每個人吃在心裡，都是色香味俱全的溫暖好印象。來自俄羅斯的家鄉味，異國的美食精粹在臺中閃耀。

「臺灣和俄羅斯的愛情，無距離。美食，無國界。」菜單上短短的十餘個字，表達出一段愛情故事的真諦。臺灣媳婦歐兒嘉（Olga）把家鄉味帶來臺中，滿分上桌的美味料理食材，一再讓吃過的顧客為之迷戀。

「你好，請坐，這是菜單……」歐兒嘉說著一口字正腔圓而流利的中文，這是臺灣第一家結合俄羅斯與烏茲別克家鄉菜的店，精湛廚藝下的豐富口感令人讚賞。

她是俄羅斯人，在烏茲別克出生長大。那年二十歲出頭的她，喜愛到泰國旅行，認識在當地經營婚紗事業的臺灣人張宏瑋。兩人互訴情衷而結縭，回臺開了餐館。

歐兒嘉的好手藝，都是從小跟著母親學來的。她自許要做出特有的口感和美感，與眾不同，讓民眾刮目相看。

## 美食飄香巷弄間，滋味獨特

站在烤爐旁，專注地翻動香溢撲鼻、滋滋作響的肉串，歐兒嘉將店裡食材的精華特色，徹底展露。

來這家店，可以一次吃到兩個國家的雙重料理，全是道地的家鄉菜餚。她向我解釋：「烏茲別克人嗜吃羊肉，偏愛用孜然調味，用以增加香氣。俄羅斯人則喜愛牛肉、豬肉，擅用胡椒粉提味，我因此決定將兩種風味餐推上桌，供客人點選。」

「那麻煩來一份俄羅斯烤豬肉串套餐，一份俄羅斯水餃。」

每道菜各自精采的上桌呈現，我不免食指大動，甚是美味。

沾酸奶美乃滋的俄羅斯手工水餃（包香菇與豬肉），外皮Q彈，湯汁鮮美。俄羅斯橄欖清湯是用番茄熬煮，再加入橄欖、酸黃瓜、熱狗，喝來酸香清爽。俄羅斯馬鈴薯沙拉，口味微酸微鹹，順口開胃。俄羅斯烤牛、豬肉串，以迷迭香、胡椒粉、月桂葉、孜然調味，外焦裡嫩，火候恰當地將肉汁鎖住。此外，俄羅斯烤蛋豬肉（包裹水煮蛋），烏茲別克烤羊、豬絞肉串（以孜然、洋蔥提味），烏茲別克天然沙拉（洋蔥絲加番茄，單純放鹽調味），都是極為特別的餐點。

歐兒嘉味覺敏銳，鮮度與天然配料一拍即合，做出美味餐點。店裡無時不刻飄散孜然辛香，有口福的人們進門，便如同到異鄉作客，感染食材招待的熱情。

俄羅斯美食的主要特色，是以慢燉或燒烤方式為重。經過一再的學習與嘗試，她在家鄉味與臺灣味之間，尋找到了契合點。

顧客不辭路遙，有從高雄專程騎摩托車來大快朵頤的，甚至連在臺北開餐廳的師傅也感好奇，曾經忙裡偷閒，一探究竟。異國的美食精粹，總能深深吸引慕名者前來響應。

歐兒嘉表示，她希望每年都能加入幾道新的菜色，

用家鄉的特色飲食，結合臺灣民眾平日的餐食，讓店裡的料理更趨多樣精緻。

## 喜愛臺灣小吃美食，人情滿滿

歐兒嘉開店之後佳評如潮，她一邊學到很多的工作技巧與本領，也間接認識臺灣人助人好客的習性。

「身為俄羅斯人，我深深感受到臺灣人是很友善的。有一次去臺北街頭閒逛時，我迷路了，中文又不夠熟練，但幸運的遇上善心人帶路，教我備感親切。我覺得自己常常得到熱誠朋友的幫助，漸漸地，我也習慣了臺灣這裡的生活。」

某次，有一對夫妻來店用餐，美食當前，正享受著舒適放空的氣氛，但得知歐兒嘉正抱病工作，便油然生起體恤之情，主動要求關掉冷氣。當下歐兒嘉深受感動，原來客人是這麼地將心比心，充滿人情味啊！

嫁作臺灣媳婦，她親手製作每一道料理，無論對待親人與顧客，都是挹注一樣的細膩心思，希望每個人吃在心裡，都是色香味俱全的溫暖好印象。

來臺灣八年，她應該嚐試過不少在地小吃。於是我問歐兒嘉，什麼樣的滋味是她心頭最愛？原來，舉凡臺中肉圓、夜市炸魷魚、生蚵仔、烏魚子，都是她最喜愛的口袋名單。

## 分工經營所好，騰出自在步調

她回憶結婚初期，因文化與生活環境的差異影響，導致自己常常脾氣不好。開了美食店，必須顧慮客人全方位感受，反而讓她學會磨著性子，讓情緒穩定下來，進而樂觀與自在。

回臺時，她原本和老公繼續經營婚紗店，擔任造型師與禮服製作。但化妝到出外景拍攝，歐兒嘉汲汲於忙碌，身心疲憊，無暇接送女兒上下課。

現在，美食店營業以外的時間，她可以從容地準備食材，盡教育的職責，關注女兒們的學業。一家人完全以中文交談互動，讓彼此能融入臺灣生活領域，因為臺灣就是歐兒嘉的另一個故鄉。

「現在，臺灣就是我的家。」

兩個女兒活潑開朗，擅於街舞表演與彈吉他演唱，經常受邀上電視節目表演，假日也會來店幫忙。夫妻倆期許她們能具備日常生活的基本技能，全家一起樂在工作，如此場景滿是親和與融洽的寫照。

## 俄式風格裝潢，雅俗共賞

取Oh My God作為店名，歐兒嘉一來是期盼聽見客人驚呼料理很好吃的反應，另一方面則是這個店名與自己名字發音有些許相似，根據趣味性來發想。

展店初始，有些顧客怕味道不合，或不習慣有異國裝飾的用餐氣氛，持觀望的保守態度。但歷經四年來的相傳分享，歐兒嘉的廚藝已是遠近聞名。

一樓用餐區，布置成俄羅斯式的風格。點餐檯的一面，繪上醒目的俄羅斯娃娃華麗的服飾，讓人倍感溫馨可愛。置物檯上擺著娃娃人偶，亮麗型貌鮮明地鋪陳出濃濃的北國氣息。

來到樓上的盤坐包廂區，是烏茲別克式的造景，客人會誤以為自己真的到了烏茲別克。建築物的外觀唯美輪廓，都以符合原飾的詮釋線條，打點在用餐桌旁；帽子與衣裳掛在牆上，吐露一份北地異國文化情懷的豐富內涵。

烏茲別克的結婚服，可供顧客隨興穿著拍照，留下趣味影像。城堡宮廷的照片掛圖、裝飾品，應景而生；相關文化細節的部分，也以縮小版的維肖模型，清楚呈現食衣住行育樂的生活面貌。

歐兒嘉的異鄉愛戀，果真昇華為出類拔萃的寬闊視野，那般亮麗而出眾。

## 臺灣風味俄式美食

當家鄉的俄式特色飲食，與臺灣民眾平日的餐食相結合，便在舌尖激盪出佳評如潮的美味。無論是牛、羊、豬，都在烏茲別克與俄羅斯的烹調手法下，展現異國的美食精粹。來這裡，同時享受美食與北國文化，不出國也能身歷其境。

縮小版的北國生活曲風，在歐兒嘉的解說下顯得耐人尋味。

俄羅斯水餃套餐，沾酸奶美乃滋吃，外皮Q彈，湯汁鮮美。

來店的客人可商借烏茲別克的結婚服，留下珍貴的影像。

宜蘭縣員山鄉

# 酸甜香齊備的土鳳梨全餐

在二湖路旁的肥沃砂礫土壤裡，土鳳梨出人意料擁有強韌的適應能力。冬季凜風，四面環山的地勢，反倒保暖防凍。盛夏晨曦，依靠雨露均霑的潤澤滋養，絕佳的孕育環境，造就鳳梨果實的不凡質地。

「油鍋裡，熱騰翻炒的鳳梨心佐肉絲，清爽滑嫩。鳳梨炒米粉，每一口都是果汁融合爆香配料的新滋味。燉得軟Q綿密的鳳梨豬腳，持續在滾燒的湯汁中漫舞，散溢鮮美的魅力，在餐桌上獨占鰲頭……」

熟門熟路的遊客們，進入宜蘭員山鄉，剛過二湖橋頭，思緒就這麼連結了鳳梨館裡熱騰騰的豐盛菜餚。心頭更期望著，喝上一杯沁涼解口的鳳梨酵素與鳳梨茶，品味那番甘醇。

望著田裡一顆顆圓胖飽滿、模樣古錐的鳳梨，我搖下車窗，嗅聞那股濃郁的果實味，如斯氣息招引人們，觸動味蕾舌尖的敏感神經。結實纍纍的橙黃色土鳳梨，搭賞紅紫色調英姿的鳳梨花，百年來道地有味，勾勒出二湖這片柔美大地的風姿。

話說二湖土鳳梨產地由來的故事，我聽來頗是稀奇。

「一群生長習性偏屬熱帶的土鳳梨寶貝，來到蔭涼的臺灣北隅，在沒有湖泊浸潤、卻有湖名的宜蘭員山湖西村，試煉泥土的溫度，尋覓新故鄉。」

自此，臺中以北唯一的鳳梨產地，在宜蘭地區成了響亮名號。

望看鳳梨田，我深深覺得土鳳梨這等稱號，是在詮釋人與大地的親暱感，抑或是以最直白的方式，熱衷表達關愛土地的情懷。

時節趨涼，北燕呢喃，準備要去遠方。向晚的二湖村，叫人惦記著升暖的炊煙。盤飧裡的佳味，是鳳梨達人用巧妙雙手，交織滿懷窩心，讓三、四十公頃田野裡一顆顆平凡的土鳳梨站上舞臺，淋漓盡致地揮灑鄉土傳奇。

## 土鳳梨入菜，獨門魅力饕客難擋

鳳梨入菜的酵素風味餐，是館內的人氣招牌美食，有鳳梨泡菜、鳳梨炒米粉、鳳梨心炒肉絲、鳳梨苦瓜雞、鳳梨豬腳……等等。一年到頭，來此觀光的遊客，聞香便腸

胃蠕動，勾起進食慾望，人人大快朵頤，盡情吃個過癮，幸福滿分。

我探問，用土鳳梨入菜，美味誘人的關鍵訣竅何在？

店主江朝清大哥說：「酸、甜、香兼備的滋味，是土鳳梨與生俱來的獨門魅力。市面上改良過的鳳梨，重視清甜特點，卻失掉了原有的果酸韻味。以土鳳梨提煉的鳳梨酵素，可以打底烹調的美食因子，再用果肉的香氣進一步提味，襯托出豬腳的鮮嫩Q軟嚼勁，散發個中的獨到湯頭，萃取出食材原汁原味的精華。」

至於鳳梨心佐肉絲，也是一道口感非常討喜的菜色，品嚐起來有嫩竹筍般的纖細。江大哥指出，當初他無意間削開鳳梨株葉的心芽，發掘了鳳梨心的白嫩鮮美，在口中微滲出一股甘苦風味；搭配肉絲拌炒，是一道頗下飯的佳餚。

鳳梨泡菜同樣堪稱一絕，吃過的人都說讚。坊間的泡菜是以辣酸度為嗆點，但加了鳳梨一起發酵的泡菜味，不僅是單純的酸與辣，其中鳳梨香若隱若現地從舌間溢開來，彷彿在口中無形開啟了一場歡樂派對！

若單純以水果食用風味來比較，江大哥表示，市面一般大個頭的改良品種鳳梨，往往只有甜膩、單調的平實味覺。但體型小，外型圓胖多汁的二湖土鳳梨，則有顯著的栽種價值，具備微酸、甜實、濃郁果香、纖維細嫩的豐富層次口感，甜度值高是它最大的特色。

## 小而美的果實夢想屋

江大哥原本在宜蘭從事印刷業，為了接續祖父和父親務農志業，傳承鳳梨產業留在家鄉的心願，遂在四十年前回到二湖，全心全意投入農業轉型的工作。

農委會提供經費補助之餘，宜蘭大學陳凱莉教授更助他一臂之力，帶領學生從中輔導。經由不斷的技術研發過程，針對鳳梨相關的手工商品進行各種經銷推廣，成功將平淡樸實的鳳梨田，蛻變為暢

銷活絡，同時兼具休閒農業的一處熱門據點。

這間鳳梨館的落成，歸功於輔大景觀設計系葉美秀教授的創作發想。以鳳梨葉緣線條的裝飾打造，美感外觀與鳳梨田相互輝映，非常符合詮釋地方產業風貌的著力點。

江大哥盡心盡力地布置館內，將鳳梨生長的各個階段，圖文並茂地加以解說，並直接就地製作加工品，讓小小的鳳梨館增添知性的功能。

我看著江大哥與美玉嫂共同協力，夫妻倆雙手俐落動作，一勺一匙，將醃過的切塊鳳梨，加入糖、鹽與糙米，一層覆蓋過一層，放滿瓶子後，待上三個月的存封期，就成了風味絕佳的醬鳳梨。

小學課本所謂「要怎麼收穫，就先要怎麼栽」的道理，我當下深刻明白了。突顯在地農業精神的鳳梨文物館，正是江朝清一家人共同編織非凡遠景的夢想處所。寒暑更迭，思來都是一幕耕耘記憶。

## 剪尾束葉，果實美滿度大加分

二湖土鳳梨在生長過程的照應方式，不同於他處的栽種風格。

江大哥表示，「剪尾」這個步驟，能夠避免果體拉長，主要目的在於保留水分，維持果肉纖細度。此外，雖說鳳梨性屬耐熱，仍必須做好防曬的程序。所謂的「束葉」，指的就是遮蔽功能，防止炙熱的陽光長時間照射，影響果實生長品質。

鳳梨的生長習性，江大哥瞭若指掌。甚至隨手摘個鳳梨，經由彈指敲側，便可由聲響判別果肉品質良窳。

「若聲音聽來質感紮實，果皮完好，色澤橙黃適中，代表果肉口感與甜度，都有良好的質地和水分。」他滿滿自信地說道，不過這都要靠經驗的累積，才能抓住要領。

每年國曆六月中旬到九月下旬，是產銷的旺季。遊客採果遊園，享受親近自然的樂趣。江大哥每每逗趣地下了戰帖：人客你來，若有勇氣穿窄裙、短褲，下田採收鳳梨，我就給你優待回饋，戰利品全數打個八折賣給你。

聽聞如此，我仔細端詳株身。原來，每一片葉緣，均充斥細微的排排暗刺。我當下二話不說，直接打了退堂鼓，表明拒戰。

## 在地農情，心心相連

以鳳梨生長週期而言，過了夏季盛產期，入秋霜降之後，土鳳梨產量銳減且酸度倍增，已不適合當水果食用，此刻農民便反轉銷售機能。江大哥會買進各家田中的鳳梨，竭力研發加工，繼續推廣延伸的產品銷路，使村內的三、四十公頃的鳳梨不因淡季滯採，無形中造成大量浪費。

不受汙染的天然種植環境，讓整顆鳳梨與果皮，都有極高的經濟效益。展延相關加工副產品，包括鳳梨酥、豆腐乳、醋、酵素、茶、冰棒，應有盡有。手工自製的課程教學，讓來訪的大人、小孩親身參與，深刻了解二湖鳳梨產品的製程。秉持真誠相對，館內所有的手工陳設食品，全是不含防腐劑和人工香料的。

我登高望著樸實村落，感懷世居農民的在地心情，畢竟是緊緊相連的。這就是最寫實的鄉村生活，沿續產業脈動的愛鄉情結。

行腳在鳳梨田，一副踏埂尋果的悠然縈繞心頭，觸動我的心湖漣漪，漫步自在。

# 臺灣最北產地的鳳梨

品種改良後的鳳梨，儘管鮮甜順口，卻少了傳統土鳳梨酸、甜、香兼備的自然滋味。宜蘭二湖因緣際會成為臺中以北唯一的鳳梨產地，並以水果入菜，孕育出一道道讓人垂涎三尺的獨特美食。百年來的道地好味道，在有心人的手中，幻化出嶄新風貌。

江大哥下田採鳳梨前，可要全副武裝。

拓展銷路，研發各種加工品，不讓鳳梨因淡季而滯採。

摸仿鳳梨葉緣線條的二湖鳳梨館，造型饒富趣味。

花蓮縣花蓮市

# 後山濃情的花崗亭麵館

花蓮鄉親記憶中「那一年，我們一起翻牆去吃的麵店」，儘管時節遞嬗，景物依舊，樸實的好口味數十年如一日。

有人說這裡是花蓮在地人才知道的神祕麵店，代代傳承的深長情誼格外動人。

「你們回來了，妳的模樣依舊沒什麼變。」老闆娘轉頭客氣地說。

「妳跟老闆也沒什麼變呀！而且店面還是我印象裡的木製桌椅，飯麵香氣都還是一樣地圍繞身旁。」婦人微笑回應，語帶亢奮。

這是一家花蓮麵店的平凡故事，人事平凡，卻有分外深切的濃情厚誼。

花蓮女中的師生，是吳老闆夫婦最熟識的顧客群。即使已經畢業的校友，也會和先生、小孩、婆婆一行人，來到「花崗亭」這個小吃店，重溫過去那段日子。

花女的師生，再熟悉不過花崗亭帶給她們美好滋味的點點回憶。老闆與老闆娘的親切笑臉，更令學子們倍感溫馨。

當然，紅背心、藍書包的招牌校服，同樣讓吳老闆一家四口永存腦海。花女師生三十餘年的消費捧場，早被視為座上嘉賓；許多客製化的家常菜餚，都是為了圓償一份綿長情誼而推陳出新，精采入味。

「那一年，我們翻牆去吃的那家麵店，就是簡單的好味道。」有花崗國中的校友，這般形容自己青少年時的微風往事。學校和花崗亭麵館僅隔著公園路，許多學生下課後便會來店裡用餐。

更有同學清楚記得，昔日用餐熟悉的居家情景。「數年後來到麵店，當年的嬰兒床已不見蹤影；床裡的嬰兒，也不知到哪兒去了。」

那時候，老闆還在公家單位工作，由老闆娘獨當一面地經營花崗亭。當年床裡的嬰兒，早已長大成人，上臺北工作，他就是老闆的長子。

## 在地人才知道的神秘好口味

花崗亭開在花蓮市公園路一隅，靠近花蓮學苑與國軍英雄館。除了花女與花崗國中的學生，一般人往往容易錯過這裡，多半只有來過的內行人，懂得入店享用美味。

有人形容這裡是花蓮在地人才知道的神祕麵店。八坪大，僅二十八個座位的小巧空間，被吳義湖、林瑋翎夫妻倆，胼手胝足地打造為一處美味廚坊。花崗亭滷味飄香走過三十載，無論是送舊迎新的同窗，嫁到外地的校友返鄉，或是老饕的私房菜聚會點，都會選在這個小小空間裡邊的木桌椅上，抒懷往昔那一碗碗滷肉飯、南華麵的飽足幸福。

我嗜吃吳大哥自豪的手作辣醬，功夫何等了得。有摯友來訪，瑋翎姐拿手的私房菜開始翻炒蘊釀。湯頭鮮美的牛肉麵、南華麵，很是彈牙滑順。梨山高麗菜水餃，內餡多汁飽滿脆甜。焦糖松阪肉，先炸後滷的醇厚精粹，軟嫩飄香。用乾燥桂花瓣煮的紅茶，喝來陣陣回甘，淡淡的桂花香在口中韻味許久。豬頭皮用老醬汁加糖、鹽、八角、紅蔥頭反覆熬滷，費工但也無比美味。

一間小麵館的座落，連結了耐人尋味的情緣。即便日月如梭，依然不加味精的純鮮湯頭、軟Q彈滑的手工麵質，總會適時到位，溫暖造訪者的心房。原汁原味的用心料理滿分上桌，那一刻的吮指享受，吃過的人一定不會陌生。

## 花蓮情緣，共譜小店美食樂章

瑋翎姐是花蓮市人，從旅行社導遊退休之後，從事過美容院與韻律操教學，一年後便做起麵攤小本生意，靠著自己摸索，而漸漸有了固定客源。她還記得，民國七十三年開業那天，剛好是母親節。

吳大哥是臺中人，任職於公家電信單位。某次颱風來襲，他被派赴花蓮維修電話線路，午餐在瑋翎姐的店裡吃牛肉麵，兩人因而結識，從此情定一生。

從電信業退休後，吳大哥遂與瑋翎姐一起經營「花崗亭」。二人慢慢發掘食物精髓，一再淬煉烹調的祕方，每道菜的成分必定嚴加自律和把關，從不馬虎食安。他們以誠實無欺的態度，將小店的信譽建立起來。

我一邊聽著吳大哥以往的經歷，一面大快朵頤，吃香喝辣，很高興有如此機緣，認識花崗亭一段萍水相逢的陳年敘事。

吳大哥強調，他每天都會到菜市場選菜，用最新鮮的食材做給客人吃。夫妻倆重視顧客的口感反應，誠心誠意與人相處，倘若老朋友要來聚聚，他們必定端出「說好的」私房菜等候，歡喜招待。

## 客製化便當，滿滿營養和幸福

除了看板上的幾道餐點，花崗亭還能承接客製化的菜餚；學子中午預定的便當，許多是隱藏版的美食。雙方會有如此默契，由來是瑋翎姐原先為兒子準備的便當菜，間接受到同窗青睞，後來演變為學校師生跟著搭伙、提前預訂的便捷方式。

有麵、米粉和滷肉飯，還可結合排骨、松阪肉做搭配的營養便當；口味吃膩了，隨時可作更動，夫妻倆盡量滿足學生的需求。

很多學生習慣這樣的彈性模式，中午吳大哥會騎乘機車，將便當送去學校，讓學生吃到熱騰騰的好味道。

兒子高中三年都在花蓮念書，當年班上的三、四十位同學自備的鐵盒便當，吳大哥現在都還寶貝地將它們留存起來，只因那是一種回憶裡的真諦往事。

花蓮市公家機關的許多員工，是忠於「花崗亭」美味的老主顧，任職二十餘年退休之後，還會「傳承接力」下去，告訴後輩有間花崗亭食坊的供餐選擇。夫妻倆累積的無數口碑佳評，成為花蓮人共同的記憶。

## 情誼夠深長，緣就不短暫

麵館所在地點，原本是一間斜頂的竹屋亭，地理位置稱做花崗山。吳大哥來此改建翻新，取名花崗亭，頗有一番取其原景意涵的想像力。

「咦？桌子底部是舊時居家常用的縫紉機嗎？」我同樣思索一股交疊意涵而開口發問。

「餐桌的底座，的確是用二手家具店買來的縫紉機拼湊而成，只因我們想將小店桌椅增添不一樣的質感風貌。」瑋翎姐說。

窗外的蘭花盆栽，點綴著一家小店的舒適與溫馨。吳大哥本要將櫃檯的合板更換為鋁板，但老顧客建議不要替換它，因為維持原貌比較有老店的氛圍，會比刻意布置更蕩漾出歲月沉澱的質樸和諧。

吳大哥不時預告，若是特殊節日來花崗亭，一定會有過節的濃厚氣氛。端午粽子、中秋特製香腸、冬至湯圓、春節年糕，這些食物除了應景熱鬧，還能讓民眾了解，小店小歸小，卻有虔誠不變的地方情誼，給予行旅者一處家的感受。

這樣的堅持，一直是他們一家心手相連、經營不歇的真摯表白。

導覽特色景點，也是花崗亭額外的貼心服務。遊客用完餐，若想去周邊散散步，吳大哥可以充當導遊，說來就走，帶你四處逛逛。

靈犀告訴我，這裡看重的，就是一份深長情誼吧。「花崗亭」之緣，等待旅人每一次造訪花蓮，相約私房菜的相見歡。

# 永憶聚情的庶民風味

小店牽起的在地情緣，人事平凡無奇，卻有分外深切的濃情厚誼。樸實的家常菜，是客人始終掛念心頭的溫馨味道，往往去而復返。花崗亭守護一份來時路的刻劃記憶，數十年如一日，端出暖人心房的衷情料理。

每一個便當盒，都是花崗亭牽動的溫馨回憶。

憑著一份深厚情誼，純樸小店走過數十年的歲月。

南華麵彈牙滑順，很受客人喜愛。

花蓮縣秀林鄉

# 原味風情的山海對話

蘇花公路崇德村背山臨海的排排店鋪，終日吞吐浩瀚太平洋的鹹膩氣息。馬告、小米酒、醃豬肉、青鱗魚漬、剝皮辣椒、醬菜、蜂蜜、砲彈魚蛋、竹筒飯，攤架上琳瑯滿目，傳神的原民生活風情畫躍然眼前。

素雲阿姨頭綁花布頭巾，戴著老花眼鏡，一副專注神情，坐在板凳上忙碌削去翠綠辣椒的枝梗，一邊聆聽收音機播放的往昔舊曲。崇德村海濱的原住民物產小攤，是她的小本營業天地，提供過路旅客在此休息養神。

她挺著瘦弱的身軀，挺著堅毅的個性，謹守做小本生意的初衷理想。攤架上琳瑯滿目，各式甜香鹹苦辣滋味的瓶罐擺設，小米酒整齊羅列架上，還有烹調時少不了的馬告顆粒。尺寸不一的各式手工打造獵刀（開山刀），毫不避諱地高掛店頭，把把都是閃閃亮亮、鋒利無比。

素雲阿姨雖是平地居民，卻能以流利的太魯閣語跟朋友交談。我霎時有感而發，覺得眼前這一幅人文風情畫，傳神地凸顯原住民文化生活的樣貌，令我想像走進原始部落裡，眼簾呈現的原汁原味質樸氣氛。

即便車輛與旅人魚貫往來，造訪花蓮者，如果沒有好奇心，或是一家大小不覺飢腸轆轆，也無尋覓如廁之需求，絕大多數會順著蘇花公路，一路揚長疾駛而去，往往忽略崇德店家的原風特色。

「過年過節前後數天，我都要忙到深夜才能就寢，原住民朋友喜歡到我這裡，買純手工製作、無添加劑的剝皮辣椒與醃豬肉，拿回去當親友的伴手禮。」

我細細感觸每一串從她口中講出的字句溫度，動聽之餘也感溫馨。

嫁到礁溪的獨生女兒，曾經希望接她過去同住，不捨她繼續操勞顧店。但素雲阿姨表示，她喜歡從小生長的這片土地味道，還想在此熟悉的家園多待個幾年，未來再作打算。

如今，她早已能說著流利的太魯閣語，與在地友人閒話家常。就說是一股樂天性格使然吧，平淡簡單的日子，過來也是心滿意足。

## 平價鮮美的海陸食材

名為正雄商號的餐飲店，是此地唯一的自助餐店，店裡每日烹煮色香味俱全的菜餚與海魚，提供路過民眾溫飽。採集於大海與陸上的豐美食材，為崇德村民的飲食文化剪影增色光采。

餐飲店的老闆娘是高貴華阿姨，她與素雲阿姨是姑嫂關係；素雲阿姨也常在這裡吃中飯，除方便外，更因為食材是現做多樣的新鮮料理。我吃到名為目孔仔的香酥煎魚，又品嚐脆軟的現撈小卷，驚覺這等平價海味真是一番美好享受。

兩家店緊鄰相依，同時標榜食材鮮度，與顧客搏感情。秉持顧全食安道德的良心事業，一瓶瓶的手工製剝皮辣椒，兩家的商品都有好滋味；因為不含防腐劑，在受客人賞識之前，都必須擱在冷凍櫃裡頭保鮮。

頂著食量大的胃，我在素雲阿姨店裡，品嚐了散發竹節香味的原住民竹筒飯，並恣意加辣一番，配上大量剝皮辣椒。鮮美爽脆之餘，也瞬間讓舌尖噴火，充滿強烈的辣實口感。

我問她，架上這些肉魚醃製特產與食材，都頗受在地的旅人青睞吧？

「其實有許多住在臺東的阿美族人，要去桃園工作。他們路過此地，都會買些食物存放，因為滋味吃來很對胃、很滿足。」

「所以，他們已經是妳的美食攤粉絲團了唷！」

這一刻，素雲阿姨嘴角微揚地瞇笑。

## 達基力故鄉的壯闊魅力

蘇花公路崇德村背山臨海的排排店鋪，終日吞吐浩瀚太平洋的鹹膩氣息。海風由前門吹進、後門散出，如同架設了天然空氣清淨機，舒爽通暢。我坐在素雲阿姨店門前小憩，徜徉與世無爭的一份寧靜感。

崇德段的海岸山脈巨石嶙峋，幾近垂直陡峭的大理石連亙峻壁，不僅壯闊秀麗，也有暗徑可以攻頂。

崇德，太魯閣語叫「達基力」，意指石頭很多，用來詮釋堅硬之地質。然而，早年到此開墾的族人，帶著開山刀探勘取水的門路，憑藉優良體能素質逢山開路。再怎麼崎嶇難行的山勢，最終也總能走出一條便道捷徑；在山上生活一待，常常就是個把月的時光。

原住民前輩的這股踏實積極性格，也在素雲阿姨身上悄悄發酵。她的父母數十年前帶著一家大小，由宜蘭遷居至此，靠著耕種、打漁維生，同時懷抱當年盛行東岸的立霧溪淘金夢。最後雖沒能一夕致富，卻也落地生根，茹苦拉拔六名子女長大。

素雲阿姨從小與太魯閣族人就是街坊鄰居，相處學會了原住民母語，也明白彼此間飲食的差異性，對原住民在生活上的文化內涵，早已耳濡目染，多所熟悉。她不斷自學試煉，年復一年地累積經營店務心得，做出原住民風味的各式醬料。

儘管姐姐和妹妹已離鄉創業，遠嫁美國，兩個弟弟也在臺北定居謀職，素雲阿姨與正雄大哥依然執著在山海的故居，深耕出頭天。

## 山海靈犀話語的告白

由路口轉彎穿越鐵軌涵洞，我走進佳豐定置漁場的腹地沙灘。遠眺，海與天之間的無垠蔚藍，好似表達不同性格的層次感，譜寫那條旅遊達人追不近也到不了的鮮明分際線。

海相變幻莫測，蘊藏翻騰的白皙浪潮。那股美得冒泡的奔放感，即便是技藝再頂尖的畫家，都難以調出如此完美的色系活力。

有的遊客看見海灣的逶迤弧線感，別稱它為美麗的月牙灣。我赤腳踏浪這片崇德潔淨海灘，頂著海風，遠眺雲霧薄籠蘇花清水斷崖。迷離撲朔下的驚險壯闊態勢，交錯拍岸浪濤聲，如同山與海的澎湃對話，是一種粗曠而直白的瀟灑個性。撩撥薰風習習的當前，任意拋灑過往不快。海灘的神奇療癒效力，一直就是這麼叫我無法抵擋啊！

船工說，我在貴華阿姨自助餐店品嚐的鮮魚，正是每日在此漁場所捕獲。東岸的洶湧黑潮，將魚群帶進崇德海灣，真是一處絕佳的天然漁業腹地。

然而，豐收喝采之餘，遊客無法望穿漁人卸工後的歸宿，那般夜深人靜的內心默然和疲憊。不論是本土與外籍漁工，討海人辛勞剔透晶瑩的汗水下，豈是如我遊人般想像的單純工作？

我走回素雲阿姨的店，打算買些剝皮辣椒回家品嚐。知道臺北路途遙遠，阿姨耐心地用報紙，將冷凍庫拿出的剝皮辣椒一瓶一瓶包覆好，保持冷度，讓我方便拎著走向車站。今後我大可用宅配的方式訂購，但我更喜歡選擇在非假日，避開人潮，一個人在崇德站下車，徒步走到阿姨的店，坐看海岸山脈的幽柔景致，探問村子近來人文概況。

崇德村的太魯閣族人和漢人居民，以內斂溫和的性格，彼此和睦相處，彷若山巒清風與海水奔放的靈犀般對話，契合生活中的諸多關照。

守著家園，怡然自得地過著樸素生活，是許多人回鄉的企望。這一天，雲朵高聳擎天，映襯湛藍晴空，恰如素雲這個名字般輕柔祥和。畫家來此寫生，筆下的崇德村意象，更顯潔白而清晰。

# 依山傍海的質樸人生

　　來自大海與陸上的豐美食材，烹調成色香味俱全的菜餚與海魚，平價海味是生活中的小確幸。純樸店鋪貌不驚人，卻是大自然粗曠而直白的瀟灑個性真實寫照。獵刀閃光、小米酒醇香、剝皮辣椒鮮脆，崇德村民的飲食文化剪影，在琳瑯滿目的原民物產中如數呈現。

正雄大哥取翠綠辣椒來加工，吃來格外對味。

漁港現捕的海產，不只新鮮，而且物廉價美。

恬靜的小鎮風情，等待有心人來探索。

花蓮縣光復鄉

# 甜風往事吹拂店仔街

翠綠園地，富饒生生不息，嗅來一方原生泥土的鄉園味道，彷彿還揉合些許昔日流連的糖蜜分子，隨著涼爽的微風吹拂飄溢。在田裡削來幾枝白甘蔗和紅甘蔗，細密回甘的蔗園古早味，走入糖廍天地的時光隧道。

久蟄的陽光，終於撥開遼闊的雨雲帶露臉，輕輕投射在東部一方淨土。花蓮光復鄉寧靜純樸的大富村，正逢迎這番潤澤舒坦。

農閒時光，刻印在年輕人奔走離鄉的恬靜客家庄，我的視線瞧見直敞街巷中的閒逸風采，扣握著一個灑脫的「清」字。清如施予魔力般地慢下腳丫，走走停停；又清得叫人想恣意窩個下午茶、看本書，怡情養性。甚而清平這般，醞釀和村民串個門子，細數鄉間種種軼事的來龍去脈。

燕子（素燕）姐經營「蔗工的厝」，邀客重溫昔日甘蔗風味餐。我克服火車班次稀少的窘境，專程搭計程車，從光復車站前來大富村，首要目的就是一嚐細密回甘的蔗園古早味。

在田裡削來幾枝白甘蔗和紅甘蔗，一併入菜：甘蔗心滑蛋、甘蔗排骨、甘蔗豬腳、甘蔗蔬菜湯，熱氣騰騰，輪番釋出香氣。

甘蔗筍、木耳、蛋入鍋翻炒，再以蕃茄醬、糖伴味，呈現酸甜適中的協調可口。排骨先用醬油醃漬，灑上胡椒粉與紹興酒，再裹以地瓜粉酥炸，起鍋前將蔗塊放入，藉由甘蔗散溢的糖分與排骨均勻融合，爽口且不油膩。

選上等豬腳油炸過，以冰糖、醬油炒香，接著長時間燜滷，把Q度和膠質感帶出來。拿手蔬菜湯的作法是取切薄片的甘蔗下水滾燙，將甜味充分釋放，然後放進菇類、佛手瓜、胡蘿蔔、芋頭丁、金針等當令食材熬煮，就是集健康元氣能量的一道升級滋味。燕子姐獨當一面地完成所有的菜餚。

五歲的女兒幫忙燕子姐張羅：「開動了！」

「好香，我生平頭一次吃甘蔗餐，好對胃啊！」

「那多吃點，把心得都記下來，讓你的記者朋友有機會認識這裡。」

燕子姐心裡盼望社區微型群聚的文創遠景，結合美食與地方文藝，像是紮了根的遨遊風箏，美夢高飛但不會隨意斷線。

## 糖廠傳承記憶長存

遊客享用美食，慢下步伐閒看，認識大富這個村莊的開墾史，才知道吃下的不只是口腹驚喜，還有記憶裡的百感經歷。

燕子姐回想，曾在路上偶遇徒步環島的朋友，有如二位男大學生的瀟灑豪邁，也有母女檔的家庭式組合，還有一行不知什麼叫累、沿途拍攝湖光山色的影像工作隊伍。在燕子姐眼裡，他們都是以行動活出自我，熱愛這片土地的環保履行者。被感動之餘，她熱情邀約這些人到她店裡免費用餐，大家用誠真的對話，慷慨做永遠的朋友。

餐廳內的壁畫，彷若是描繪在被綠意環繞的鄉下，說起一段滄桑更迭的時代故事，但並非如桃花源記般的與世隔絕，而是讓人親歷與共的如昔激盪。有一棵大樹生長茁壯，枝葉茂密，庇佑著村子大小事，伴隨時而灑落翩葉的時光軼語。

一再吐露糖香的光復糖廠煙囪，曾經是花蓮縱谷裡最富氣派的地標，已走過近八十載寒暑。大富村與大豐村是蔗工休憩餘暇的後花園，傳衍種種的生活副屬事業。正

如鄉民所說，村落原本低調安居，是因鄰近蔗糖產業轉而興盛發展。「舉凡剃頭店、電影院、碾米廠、旅社、藥局等，紛紛開立。那時候的店仔街，人車往來，一片欣欣向榮。」王阿姨說道。

我坐在店門前小巧的板凳上聆聽，腦海中的一塊塊拼圖也勾勒跟隨著浮出。庶民文化的縮時剪影，由來已久地交疊古早與現代的兩相情分。

王阿姨如此述說：「我年輕時，都要使勁地削上數不清的蔗枝，貼補一家大小過日子，辛勞的步調是那般地久天長。如今，田野不再是遍地茂盛的蔗莖。若有一份念舊的情愫，就是在家門前擺幾支應景的甘蔗莖葉，遙想當年來時路。」

## 耕耘原鄉，守望綠地淨土

大富村常態，稀鬆平實緩調的呼吸，漏斗光陰。依恃小本生意維生的莊招弟阿姨，她是燕子姐的表姐。曬完菜乾，回到沒取店名的柑仔店，整理木架上分類有序的菜畦農產，她索性覆蓋上布幔，遮蔽氣勢高漲的日頭炙炎，竭力呵護蔬果菜葉裡的一份份鮮甜內蘊。

縱使不種甘蔗，村民依舊栽植農地，細心扶護菜畦裡的每一株芽苗，流下純樸踏實的淋漓汗水。平淡溫飽的生活，勤耕的身軀，轉而昇華變成一畝感足的心情背景。色澤亮彩的瓜果作物，是殷勤耕耘得來的結晶。小農微薄願償，是希冀用好土好水的自然法則栽種，秉持不施藥肥的信誠，毋須奢求賣相是否討喜。我觀察到，上門的遊客津津樂道，讚許這等鮮綠店鋪，與自然和睦相處，良心做著深具長遠意義的美好功德。

翠綠園地，富饒生生不息，嗅來一方原生泥土的鄉園味道，彷彿還揉合些許昔日流連的糖蜜分子，隨著涼爽的微風吹拂飄溢，由住家屋頂、門前，以店仔街為中心，觸旁小巷轉角，環繞整個村落。

長深不過二百公尺的明德路（店仔街），閒蕩下來，我慶幸著還能跟隨那尚在慘澹經營的小吃鋪、柑仔店與擂茶館，走入糖廓天地的時光隧道。

店鋪飄瀰的紅香茶葉蛋令人傾心，香郁濃醇的美美味道，柔順地躍上舌尖。如此美食，侷限於門可羅雀的慘澹銷路未免可惜，倘若轉移到市集人群喧騰處，或許會有不一樣的經營賣況。

## 開啟人與土地的真情對話

地方的人文特色，在有志發想的庶民眼中，詮釋了樂活進取的驚嘆號。大富社區發協陳月琴總幹事，總樂於分享她內心多采多姿的大富印象，說給來訪的朋友知道。

化育英才四十年，從國小退休後，她戮力領著希冀圓夢的二十餘位村民，由時光軌跡之中，一刻刻地拼回村廓的樸實意象的表徵。

於是乎，店貌凸顯產業風采，沿續來時路的情分。飲冰店的剉冰，定要澆淋在地手炒蔗糖汁液，才是真正古早冰裡頭的地理韻味。鄉下的雜貨店，以富含鮮綠的蔬果陪襯，搖落菜葉上的露水瞬間，庄下氣息恣意散發。擂茶館的木壁，掛上幾件棕櫚簑衣，呼應牆頂上的斗笠藝燈光影，總添幾許質樸古意。

傳家傳業傳薪火的執著，點燃了沿承歷史人文的光彩。不論白天，亦或夜裡，大富村街道正活躍地觸動居民心靈的自在悠樂。

村口毗鄰，面積闊達一千兩百五十公頃的大農大富園地，相當於四十八座的臺北大安森林公園，供給村民和遊客無窮盡的芬多精綠能，置身滌淨幽暢的境域。車站擺著導覽大富的摺頁地圖，印上「想念甜日子」大字。甜膩四溢的蔗田，蛻變成平地森林；糖業的蕭條，轉型為以林樹固碳量加值環境正義。這等物換星移的更迭，詮釋了白金（蔗糖）與綠金（樹木）的產能交替，賦予著不同時代背景的人文風華。

炎炎夏日，一位老師來村子教學手提包工藝，學員上課的場地，選在已併入它校的大富國小舊址，不讓教室荒廢淪為無用的蚊子館，想來是全村居民樂見的滿滿託望。老師回程望卻街道老房舍，不禁拍照留念，因來自臺東池上的她，家裡開的是服飾店，想望觸感的當下，不自覺地觀察出，她的確來到一處比故居更為僻靜的小角落。

遊人們可以好隨興、漫無方向地走看散遊。嚼著庄下風味的花生糖，酥脆淡甜，想著這是土生土長的花生仁，發酵喜悅幸福的腦內啡感動。

住戶門前的籬架，攀滿已七歲的葡萄枝藤，鮮嫩欲滴的果實模樣，加持禮讚大地繽紛的光澤。車站貼著醒目海報：晚間七點，店仔街要放映臺灣本土電影《鐵獅玉玲瓏》第一集。詼諧生動的鄉土劇情，搭調大富村無華悠閒風貌，心有靈犀者不免喝采歡心，這是最具契和感，也是最道地，原汁原味配原情的純粹組合。

搭上火車，我手握一包小店買來的手工蔗糖塊，舐出人與土地的真情對話，想見村落有過的甜風往事。心滿意合的旅程小調，就是這般美好。

## 重溫蔗香熟悉味

昔日甜膩四溢的蔗田，雖已蛻變成平地森林，在地人仍有一份戀舊的情愫，擺幾支應景的甘蔗莖葉，遙想當年來時路。以白甘蔗和紅甘蔗入菜，甘蔗心滑蛋酸甜適中，甘蔗排骨爽口不油膩，甘蔗豬腳Q彈入味，蔬菜湯元氣滿滿，蔗園古早味讓人唇齒留香，心生鄉土風情。

燕子姐和女兒握著白甘蔗，要替人客加菜。

曾經奔馳花東線的藍皮普通車，與阿婆月台曬菜乾相遇的一幕。

我家門前有葡萄，成熟時的美味即刻品嚐。

澎湖縣馬公市

# 掌上明珠冰品奇緣

外透明、裡粉紅，晶瑩剔透的仙人掌珍珠粉圓，散發粉紅、玫瑰紅、桃紅的絢麗吸引力，好似一顆顆璀璨發亮的紅鑽石，粒粒分明、無比順口，在盛夏帶給遊客一番消暑的驚喜滋味。

到菊島澎湖玩味消遣，是浪漫而舒活的愉悅時光。但當我遇上一位有遠見抱負的陽光女孩玉玲（Eling Hsieh），這趟旅程就不僅僅是享受薰風習習下的奔放活力了。

仙人掌是澎湖特產的植物，賣仙人掌義式冰淇淋，很契合行旅「吃在地、吃當季」的概念。這一段前所未見的「掌上明珠」冰品奇緣，正在海灣一方驚豔，帶領遊人尋覓期待的涼夏。

仙人掌滿身針刺，與山中刺客咬人貓有著相似的防衛型態。美麗的仙人掌花與果實，雖會讓人佇賞，卻難以親近。玉玲從小就非常喜歡吃珍珠粉圓，因緣際會認識冰品業者，突發奇想下，將澎湖特有的仙人掌乾果實磨成粉，共同開發新品。經過辛苦的研究試煉，飽實多汁的仙人掌果，在嚴謹的衛生製程下，幻化作粒粒分明、無比順口的珍珠粉圓。

二十六公斤的果實，提煉後的果粉只剩一公斤的重量，成本壓力雖重，但只要客人吃來幸福洋溢，玉玲所求也就是這份踏實感。

## 亮麗璀璨的鎮店之寶

仙人果液在超過七十度、十五分鐘的調煮下，就會發生褐變，顏色變調，但大波霸粉圓必須久煮五十分鐘。若改成做小粉圓，雖然容易控制，卻也降低該有的口感。大小適中的珍珠，較好掌控品質。

外透明、裡粉紅，晶瑩剔透的仙人掌珍珠粉圓，已是鎮店之寶，散發粉紅、玫瑰紅、桃紅的絢麗吸引力，好似一顆顆璀璨發亮的紅鑽石，於是取名為「掌上明珠」。

在地自然生長的仙人掌果帶有草腥味，但玉玲堅持原則，不加任何人工化學物料，不以檸檬酸掩蓋仙人掌的原味，也不昧著良心，以甜感雷同的桑椹、酸梅或洛神花來魚目混珠，降低成本。

啜飲一杯「仙果Q飲」，我喝在口裡全然是最真實的酸甜滋味。透亮的珍珠融合其中，Q彈入口，在在是消暑解熱的透心涼暢快。以義式雪酪（sorbet）方式製作的仙人掌冰淇淋，質地綿細，無負擔的零脂肪成分滑順爽口。吉拉朵（Gelato）義式冰淇淋，甜不膩口，所含脂肪低於百分之八，一樣令人深深著迷。

此外，「碧海綿綿」手工雪花冰，是玉玲用澎湖採集的天然海菜，曬乾後磨成粉加入牛奶冰，搭配紅豆、蛋香薄餅與煉乳，放入大貝殼容器，口感與美感並陳。舀上一匙冰，吃來多麼有深層海韻的觸蕾。一口接一口，澎湃的夏豔旋律在嘴中舞動，海陸齊發的幸福感瞬間透進心房。我以為海菜只在鹹味的餐點才能發掘風味，其實將翠綠的海菜粉融入甜點相佐，不會搶味，吃來完全不突兀，反而意外合拍、細緻可口，碰撞出前所未有的好味道。

玉玲有個難忘的印象，是三個大男生來店之前喝過風茹茶：吃風茹茶冰淇淋的當

下，竟發覺比喝過的茶還來得濃郁香醇，不免驚訝。她極有自信地表示，自家產品絕對是真材實料，絕不以摻粉混淆的方式對待顧客。

## 紅黃綠搭出仙人掌美幻冰城

從小吃到大的冰品，多半是在路邊攤販售，但玉玲打造出一家有澎湖人文特色，又能提供遊客消暑的冰店，並開在遊人絡繹不絕的天后宮附近，期盼大家能盡情享受「掌上明珠」的冰甜魅力。

©謝玉玲

店面格局呈現簡單而清新的意象，以黃、紅為主色系。仙人掌開黃色花，玉玲喜愛黃色，環顧四壁是舒適的暖色調；仙人掌果汁是深邃的桃紅色，工作檯也呈現桃紅。店內滿是仙人掌的象徵符號，搭配葉綠色的燈飾點綴，完全是一個連結食材想像的生動意念。

店內地板超過四十年歲月，玉玲總捨不得替換，因為她想保留點衝突感，呈現古蹟的特色。我很認同這樣新舊並陳的想法，這是一抹深刻而知性的表露。

營業四年，有些客人每年都來捧場。玉玲希望淡季能與臺灣各地的飯店合作，將掌上冰品作為餐後甜點或喜宴甜點，讓顧客也能享受一份別於夏天的驚喜滋味。

穀雨時節，氣候舒適，我坐在冰店恣意享受，好奇地問著玉玲：「妳的店充滿鮮明活絡的行銷取向，應該很有潛力啊。」

「儘管我爸爸也在澎湖經營民宿，他倒不希望我回來創業，應該要留在大都市，好好生活與發展。」

玉玲描述的一番話，在我聽來，是父女間流露的珍愛情感，關懷與知惜的親暱吧！父親一定冀望她有寬廣的創業思維，能夠與都會的發展潮流接軌。但玉玲不後悔回澎湖開店的決定，這條路要持續走下去。

## 斯土故情裡的人文薈萃

招牌上的數字，很有發想空間：二三・五，諧音是「愛上我」。

玉玲表示：「那年二十三歲半，是我當爸爸的掌上明珠的最後一天，因為我要離開澎湖，到臺灣開始新事業。就是太愛澎湖，我一直到把大學念完，才不捨地出去外頭工作。」

從小在澎湖生長，玉玲非常熱愛這塊島嶼，願意在此求學。同齡朋友也許都到臺灣念大學，她卻選擇留在故鄉，念完澎湖科大觀光休閒系（休閒事業管理系）。在臺灣的十年，玉玲反而想讓更多的朋友認識澎湖，因為很多人都只有停留在漁業和漁村的既定印象，不清楚澎湖還有哪些人文旅遊文化。

高中研讀觀光相關科系以來，她一直接觸和涉獵觀光類型的打工環境，例如飯店接待解說員、旅行社導遊與澎管處解說員等。她大學時的休閒興趣其實是舞蹈，在大二那年順利的考上證照，便開始教學跳舞，也培養了許多內心的憧憬和想像空間。

「一個地方的特色要從文化方向著手，為一項特質而來。」

玉玲覺得澎湖有許多人文據點有其不可磨滅的觀光價值，舉凡天后宮（臺灣最早的媽祖廟）、四眼井（馬公最古的水井）、文石書院、進士第、跨海大橋、雙心石滬、澎湖老街，古蹟名勝座落彰顯，文化資產豐富。

用澎湖的名產，去做行銷與形象；冰店提供的「借問站」諮詢，足以讓曾經擔任導覽員的玉玲適切發揮，告訴來消費的客人哪兒是澎湖必遊的景點。玉玲與澎湖有深厚的雋永情誼，在菊島生活，情投意也合，時間悠閒，海風清新，欲望單純。

我想起玉玲在名片上的絜語隻字。

「二三・五意謂著流浪的青春，誓言遊蕩八百又三條街。」

「風吹髮飛，有夢當追。」

我在回臺北的班機上，俯瞰蔚藍的海洋，腦海不斷地向望澎湖之旅逸興遄飛的一幕。

島嶼、貝殼、沙灘、海浪、陽光、仙人掌……我不免又陶醉在「掌上明珠」的絕佳風味。對玉玲而言，心嚮往的方向對位了，十年後的故鄉與異鄉，何處不是能踏實深耕的樂活角隅呢？

# 亮麗璀璨的菊島明珠

掌上明珠的冰甜魅力，以真材實料的天然素材，提供有別於傳統的味蕾刺激。二十六公斤的仙人掌果實，提煉後的果粉僅僅只剩一公斤的重量，但只要客人吃來幸福洋溢，店主所求的也就是這份踏實感。

仙人掌的形狀與大小不一，處理起來頗費工夫。

仙果Q飲搭配，是炎炎夏日中的消暑聖品。

金門縣金寧鄉

# 離島水果餐的魅力饗宴

林林總總十餘種的水果，透過無數次的烹煮嘗試，昇華成果香瀰漫的美味饗宴，讓遊客品嚐現做的溫熱與鮮美。這一套神奇的水果劇本，飄洋到金門，經由巧手精湛演出，來者人人皆回味無窮。

哈蜜瓜焗海鮮、蘋果烤雞腿、櫻花蝦鳳梨炒飯、木瓜炒鴕鳥肉、水梨燉排骨、水果沙拉、奇異果奶酪，再配上一杯現打的蜜梨汁。擺滿一桌子的豐盛水果餐，馥郁馨香，富含美感與口感，腴香沉醉令人吮指回味。

在金門「湶民水果餐坊」，飄溢濃郁果香的各式佳餚，揭開這一場低調華麗水果饗宴的序幕。我細嘗著眼前道道美味，讓人為之驚豔的升級滋味，已在味蕾舌間漫妙起舞；每一樣水果的精髓，各自洋洋灑灑地在餐盤中，精彩地輪轉上演，昇華了這番喜悅感受。

香郁的果泥醬汁淋漓灑落，交織烤得入味鮮嫩的雞腿，再由洛神花、柳丁、蘋果、酸模與香菜相伴襯托，甜甜酸酸的風味層次，怎叫人不愛上它？以苗栗卓蘭的蜜梨，搭上營養滿分的切塊南瓜，伴隨排骨肉一起熬燉，吸吮湯汁精華的當下，那股溫潤入喉的幸福感已然在我的內心蔓延開了。

標榜脂肪少的鴕鳥肉，用紅椒、甜豆、洋蔥、黑胡椒大火快炒，肉質吃來滑嫩，又有豐富口感。配著香甜多汁的木瓜，完全沒有油膩乾澀的負擔，卻有入口清爽的美味亮點。

嚐鮮陸上的喜悅感後，還有海陸風融合的秀色餐點。甜滋滋的哈密瓜，遇見鮮甜的白蝦，一同加入起司條的焗烤行列。海味的鮮，融入果液的清香，兩造美滋在相逢的一霎，就是風味十足的絕佳組合。

屏東東港的櫻花蝦，飄過臺灣海峽而來，先以油炸提升風味，再拌以鳳梨丁翻騰快炒。粒粒分明的米飯，香味瀰漫、口感Q彈，在鳳梨的酸甜原汁加持滋潤下，完全中和櫻花蝦溢散的油脂，香鮮酥脆。我一口一口吃在嘴裡，享受著感動的午餐時分。

巨峰葡萄、芭樂、楊桃、蓮霧與千島醬，聚合而成水果沙拉拼盤；切片細緻的翠綠奇異果，融合濃郁的鮮奶酪，接續演出這場豐盛派對。

我滿心歡喜地對老闆說：「桌上的菜餚，一道接著一道鮮豔清香，難分軒輊，全都是這裡最上鏡頭的主角呀！」

## 水果緣情，編織果餐夢園

美味討喜的餐坊，有著一本神奇的水果劇本，飄洋到金門。這是在鋪陳，也是在物色擔綱演出者的巧合性。

餐坊老闆翁世白先生原先在臺灣經營電梯產業，偶然興起一個再單純不過的念頭，想要讓自己的生活步調慢下來，置身一處安穩自在的環境。於是他輾轉改行，回到故鄉金門打拼，做起賣水果的生意。

老闆娘秀玉是屏東東港人，自小家中就以水果攤販售為經營事業，所以她對產地水果的特色和品質鮮度，了解得非常透徹。回到金門後，夫妻倆進貨臺灣南部的時令水果，一同開著小貨卡沿路叫賣，過著快樂知足的小本生活。

一次以推廣金門物產入菜的場合，老闆娘靠著平日不斷摸索烹調水果料理的心得與經驗，表演幾道拿手菜，引起在場媒體的關注報導。親友品嚐後，也對這樣獨特的美味水果餐讚不絕口。

於是乎，夫妻倆把這些肯定和認同，轉化為一股動念，開啟淚民水果餐坊的美夢園地。年復一年，用精湛的手藝，嘗試無數次的烹煮程序，找出與葷料最適切的搭配方式，堅持以鮮果為食材，講究健康養生的正確理念，樹立了金門美食餐坊的好口碑。

隨著四季遞嬗，不同時令推出的果餐菜色，當然也會有顯著的差異。名副其實的水果套餐，林林總總加起來一共有十餘種的水果，在質地選材的拿捏，與調味上的精準功夫，力求給人協調可口的好享受。

翁老闆說，他在乎的是顧客能夠品嚐現做的溫熱與鮮美，因此在時間與份數的掌控方面，餐坊極為重視事先訂餐的這道程序。他認為，如此一來，客人享用端上餐桌的

熱呼呼美食，一定都是剛出爐的香與鮮。堅守這項定律，才是完美的用餐哲學，也是他與老闆娘一路走來秉持的不二理念。

## 近在咫尺，果園魅力翩然心怡

餐館緊鄰菜畦和果園，用餐時透過落地窗，可以一眼望見綠植的優美景致。青蔥、蘿蔔、高麗菜、蘆筍，各種時令蔬菜綠意盎然；檸檬、芭樂、百香果，也是結實纍纍。那份視覺望及的新鮮感，自然生動地呈現，叫人看得到也吃得到。我陶醉於當下的口福，宛如置身夢境。

不單是蔬果排排種，美栽於前，料理過程中提味關鍵的各種香草植物，也在餐坊另一側的田地，蓬勃茂密地落地生根。老闆娘隨手摘了迷迭香、甜菊、薄荷、百里香等葉片，要我即刻試試其中的味道。

她說：「別擔心，這些食材都是用最自然的方式種植，沒有噴灑農藥。」

我咬下一口，滿嘴濃烈香郁的味道好特別，這算是第一手、原汁原味的體驗吧。

用完餐，顧客可以自在地於園地中散步閒談。此處的植栽視界，出自翁老闆煞費苦心的耕耘，目的就是要讓有緣來此消費的人，心中都有一份坦然、互信的胸襟。

一次餐敘的好口福，換得日後永久美滿的記憶；一趟金門之旅的玩味價值，就更顯細膩深刻了。

## 留佇故鄉，踏實經營方寸之地

曾有臺商邀請翁老闆，回臺灣都會區另建餐坊營業，甚至也有陸商找他合作，希望到北京共創餐飲業新局，但一切都被他拱手婉拒。

「為什麼你不考慮和他們合作呢？」聽聞放棄如此良機，我疑惑地問。原來，翁老闆其實只想與妻子按部就班，平平實實地經營過日。

「現在的生活，剛好就是當初回鄉時所嚮往的規律步調。起先，餐坊也兼營民宿，但我總覺得兩頭經營，無法達成自己的目標，也過於勞累。要做事業，就必須追求明確標的，從一而終，方是真正的創業遠景。」

不做醒目的巨大看板，沒有透過廣告商推銷，完全是以回味無窮的美食真實力，讓大家口耳相傳。我在心中思索原委，頓時領悟其中奧妙——這不正是另類、低調、平凡，卻實實在在經營的生意法則嗎？

「淥民」總體的用餐環境，從午到晚，一直都是寬敞明亮。櫃檯櫥窗裡以水果裝飾，增添自然風味的十足噱頭。每日出餐的菜單，明明白白地工整寫在入門看板上。餐

廳的溫和燈色，襯托自然的悠閒氣氛；園中的果味吹過窗隙，與盤內的果香兩兩交錯，一時迷幻了在場　個人的絲絲嗅覺與味覺。

果香氛圍已然籠罩廳房，我與大家悠哉地慢嘸細嚼。一旦口感對胃了，補充活力的幸福感，也就跟著對位了。

食慾滿足當前，老闆夫妻倆那抹自信呈現本色、誠懇招待來賓的和悅笑容，在我腦海裡悄悄浮現，不斷煥發無比光彩。

## 道地香味的繽紛果餐

以鮮果為食材，不斷探索與葷料最適切的搭配方式，並堅守一份用餐哲學，成就了大家讚不絕口的好口碑，這是低調卻紮實的生意法則。果香濃郁，一道接著一道的菜餚鮮豔清香，富含美感與口感，每每令人吮指回味。

入菜的各式香草，在園內大量培育。

水果都是辛苦植栽的結晶，多汁魅力誘人無比。

綠意盎然的用餐環境，飽食一餐後還可悠閒晃蕩。

聯絡資訊

## 塔羅牌與異國鹹派的奇妙激盪

- 店名：GIVE ME PIE
- 地址：台北市中山區松江路97巷12號
- 電話：02-25179091

## 姊妹花與工業風餐廳的互襯

- 店名：PUSH ONE
- 地址：台北市南港區昆陽街1號
- 電話：02-27852221

## 七年級生美食創藝圓夢

- 店名：NALA's Mexican Food
- 地址：台北市羅斯福路一段7-1號
- 電話：02-23516692

## 遇見冰果室裡的麗緻彩妝

- 店名：大井頭自助冰
- 地址：桃園市楊梅區富岡里中正路72-1號
- 電話：03-4728492

## 梅嘎浪部落食后的創意原味

- 店名：山清休閒農園
- 地址：新竹縣尖石鄉梅花村1鄰24-1號
- 電話：0932757931、0989745709

### 追尋純粹真實的美食天堂

- 店名：Café Silly
- 地址：苗栗市光復路59號
- 電話：037-325733

### 異鄉愛戀下的俄羅斯家常菜

- 店名：Oh My God俄羅斯異國家常菜
- 地址：台中市北區健行路443-7號
- 電話：04-22028977

### 酸甜香齊備的土鳳梨全餐

- 店名：二湖鳳梨館
- 地址：宜蘭縣員山鄉湖西村隘界路150-6號
- 電話：039-230046

### 後山濃情的花崗亭麵館

- 店名：花崗亭
- 地址：花蓮市公園路23-4號
- 電話：038-360890

### 原味風情的山海對話

- 店名：素雲剝皮辣椒
- 地址：花蓮縣秀林鄉崇德村海濱路37號
- 電話：0910254778

- 店名：林媽媽剝皮辣椒
- 地址：花蓮縣秀林鄉崇德村海濱路50號
- 電話：0939393234

### 甜風往事吹拂店仔街

- 店名：大和蔗工的厝
- 地址：花蓮縣光復鄉大富村明德路71巷14號
- 電話：038-731161、038-731351

- 店名：無（傳統雜貨店）
- 地址：花蓮縣光復鄉大富村明德路10號
- 電話：038-731065

### 掌上明珠冰品奇緣

- 店名：~23.5掌上明珠（仙人掌甜品專賣）
- 地址：澎湖縣馬公市民族路41號
- 電話：06-9272323

### 離島水果餐的魅力饗宴

- 店名：淚民水果創意料理
- 地址：金門縣金寧鄉伯玉路二段224巷8號
- 電話：082-324489

# 誌謝

為了出版這本著作，我一年來東奔西走，南來北返地蒐集我的寫實語錄。也許就是平日頻繁的出早班採訪，扛著重重的攝影機追趕跑擠的操勞，看在家人眼裡，總是勸我不要太累，休假就讓身體多休息才是。

積極、熱衷且衝勁的白羊星座性情如我，不想單純地待在家裡昏睡度過。我總是會在一、兩天的出遊行程裡，留佇每一個走訪地點，尋覓知性與感性的美好回憶。

完成生平的第一本作品，首先當然要感謝親人的力挺。一次次計畫的探訪旅程，有爸爸、媽媽、老婆、女兒、兒子的支持和鼓勵，姊姊的關心也沒間斷，讓我每次深夜拖著疲累回到家中，都能感到無比的窩心。

再來對每位受訪店家，我也要致上崇高的謝意。美華姐、肇經大哥、素雲阿姨、茂松大哥、義湖老闆、Grace姐、惟芬、陳大姐、淑綺，以及其他多位幫助我的受訪朋友，有你們大家的熱心配合和故事分享，才能使這本書的內容豐富，而充滿深厚的人情味。

最後謝謝商周出版的各位同仁的編排努力，讓我這個新人的作品順利出版，很是感恩。

BO0249

# 看見臺灣最美的風景｜臺灣人情味的在地物語


作　　　者／黃明君
責 任 編 輯／李皓歆
企 劃 選 書／李皓歆
版　　　權／黃淑敏
行 銷 業 務／石一志、周佑潔

總　編　輯／陳美靜
總　經　理／彭之琬
發　行　人／何飛鵬
法 律 顧 問／台英國際商務法律事務所　羅明通律師
出　　　版／商周出版
臺北市 104 民生東路二段 141 號 9 樓
電話：(02) 2500-7008　傳真：(02) 2500-7759
E-mail: bwp.service @ cite.com.tw
發　　　行／英屬蓋曼群島商家庭傳媒股份有限公司　城邦分公司
臺北市 104 民生東路二段 141 號 2 樓
讀者服務專線：0800-020-299　24 小時傳真服務：(02) 2517-0999
讀者服務信箱 E-mail: cs@cite.com.tw
劃撥帳號：19833503　戶名：英屬蓋曼群島商家庭傳媒股份有限公司城邦分公司
訂 購 服 務／書虫股份有限公司客服專線：(02) 2500-7718；2500-7719
服務時間：週一至週五上午 09:30-12:00；下午 13:30-17:00
24 小時傳真專線：(02) 2500-1990；2500-1991
劃撥帳號：19863813　戶名：書虫股份有限公司
香港發行所／城邦（香港）出版集團有限公司
香港灣仔駱克道 193 號東超商業中心 1 樓
E-mail: hkcite@biznetvigator.com
電話：(852) 25086231　傳真：(852) 25789337
E-mail：hkcite@biznetvigator.com
馬新發行所／Cite (M) Sdn. Bhd.
41, Jalan Radin Anum, Bandar Baru Sri Petaling, 57000 Kuala Lumpur, Malaysia.
電話：(603) 9057-8822　傳真：(603) 9057-6622　E-mail: cite@cite.com.my

美 術 編 輯／簡至成
封 面 設 計／黃聖文
製 版 印 刷／韋懋實業有限公司
經　銷　商／聯合發行股份有限公司　電話：(02) 2917-8022　傳真：(02) 2911-0053
地址：新北市 231 新店區寶橋路 235 巷 6 弄 6 號 2 樓

■ 2016 年 8 月 16 日初版 1 刷　Printed in Taiwan

ISBN　978-986-477-069-4
定價 330 元

城邦讀書花園
www.cite.com.tw

國家圖書館出版品預行編目資料

看見臺灣最美的風景 :臺灣人情味的在地物語
/ 黃明君著. -- 初版. -- 臺北市 : 商周出版 : 家庭傳媒城邦分公司發行,
2016.07
面 ;　公分
ISBN 978-986-477-069-4(平裝)

1.臺灣遊記

733.6　　105012556